中国古代石窟

王欣　编著

中国商业出版社

图书在版编目（CIP）数据

中国古代石窟 / 王欣编著. -- 北京：中国商业出版社，2014.12（2022.1 重印）

ISBN 978-7-5044-8616-5

Ⅰ. ①中… Ⅱ. ①王… Ⅲ. ①石窟-美术考古-中国 Ⅳ. ①K879.2

中国版本图书馆 CIP 数据核字（2014）第 299149 号

责任编辑：刘洪涛

中国商业出版社出版发行
010-63180647 www.c-cbook.com
（100053 北京广安门内报国寺 1 号）
新华书店经销
三河市吉祥印务有限公司印刷
*
710 毫米×1000 毫米 16 开 12.5 印张 200 千字
2014 年 12 月第 1 版 2022 年 1 月第 2 次印刷
定价：25.00 元
* * * *
（如有印装质量问题可更换）

《中国传统民俗文化》编委会

序　言

中国是举世闻名的文明古国，在漫长的历史发展过程中，勤劳智慧的中国人创造了丰富多彩、绚丽多姿的文化。这些经过锤炼和沉淀的古代传统文化，凝聚着华夏各族人民的性格、精神和智慧，是中华民族相互认同的标志和纽带，在人类文化的百花园中摇曳生姿，展现着自己独特的风采，对人类文化的多样性发展做出了巨大贡献。中国传统民俗文化内容广博，风格独特，深深地吸引着世界人民的眼光。

正因如此，我们必须按照中央的要求，加强文化建设。2006 年 5 月，时任浙江省委书记的习近平同志就已提出："文化通过传承为社会进步发挥基础作用，文化会促进或制约经济乃至整个社会的发展。"又说，"文化的力量最终可以转化为物质的力量，文化的软实力最终可以转化为经济的硬实力。"(《浙江文化研究工程成果文库总序》) 2013 年他去山东考察时，再次强调：中华民族伟大复兴，需要以中华文化发展繁荣为条件。

正因如此，我们应该对中华民族文化进行广阔、全面的检视。我们应该唤醒我们民族的集体记忆，复兴我们民族的伟大精神，发展和繁荣中华民族的优秀文化，为我们民族在强国之路上阔步前行创设先决条件。实现民族文化的复兴，必须传承中华文化的优秀传统。现代的中国人，特别是年轻人，对传统文化十分感兴趣，蕴含感情。但当下也有人对具体典籍、历史事实不甚了解。比如，中国是书法大国，谈起书法，有些人或许只知道些书法大家如王羲之、柳公权等的名字，知道《兰亭集序》

是千古书法珍品，仅此而已。

再如，我们都知道中国是闻名于世的瓷器大国，中国的瓷器令西方人叹为观止，中国也因此获得了“瓷器之国”（英语 china 的另一义即为瓷器）的美誉。然而关于瓷器的由来、形制的演变、纹饰的演化、烧制等瓷器文化的内涵，就知之甚少了。中国还是武术大国，然而国人的武术知识，或许更多来源于一部部精彩的武侠影视作品，对于真正的武术文化，我们也难以窥其堂奥。我国还是崇尚玉文化的国度，我们的祖先发现了这种“温润而有光泽的美石”，并赋予了这种冰冷的自然物鲜活的生命力和文化性格，如“君子当温润如玉”，女子应“冰清玉洁”“守身如玉”；“玉有五德”，即“仁”“义”“智”“勇”“洁”；等等。今天，熟悉这些玉文化内涵的国人也为数不多了。

也许正有鉴于此，有忧于此，近年来，已有不少有志之士开始了复兴中国传统文化的努力之路，读经热开始风靡海峡两岸，不少孩童以至成人开始重拾经典，在故纸旧书中品味古人的智慧，发现古文化历久弥新的魅力。电视讲坛里一拨又一拨对古文化的讲述，也吸引着数以万计的人，重新审视古文化的价值。现在放在读者面前的这套“中国传统民俗文化”丛书，也是这一努力的又一体现。我们现在确实应注重研究成果的学术价值和应用价值，充分发挥其认识世界、传承文化、创新理论、资政育人的重要作用。

中国的传统文化内容博大，体系庞杂，该如何下手，如何呈现？这套丛书处理得可谓系统性强，别具匠心。编者分别按物质文化、制度文化、精神文化等方面来分门别类地进行组织编写，例如，在物质文化的层面，就有纺织与印染、中国古代酒具、中国古代农具、中国古代青铜器、中国古代钱币、中国古代木雕、中国古代建筑、中国古代砖瓦、中国古代玉器、中国古代陶器、中国古代漆器、中国古代桥梁等；在精神文化的层面，就有中国古代书法、中国古代绘画、中国古代音乐、中国古代艺术、中国古代篆刻、中国古代家训、中国古代戏曲、中国古代版画等；在制度文化的层面，就有中国古代科举、中国古代官制、中国古代教育、中国古代军队、中国古代法律等。

此外，在历史的发展长河中，中国各行各业还涌现出一大批杰出人物，至今闪耀着夺目的光辉，以启迪后人，示范来者。对此，这套丛书也给予了应有的重视，中国古代名将、中国古代名相、中国古代名帝、中国古代文人、中国古代高僧等，就是这方面的体现。

生活在 21 世纪的我们，或许对古人的生活颇感兴趣，他们的吃穿住用如何，如何过节，如何安排婚丧嫁娶，如何交通出行，孩子如何玩耍等，这些饶有兴趣的内容，这套“中国传统民俗文化”从书都有所涉猎。如中国古代婚姻、中国古代丧葬、中国古代节日、中国古代民俗、中国古代礼仪、中国古代饮食、中国古代交通、中国古代家具、中国古代玩具等，这些书籍介绍的都是人们颇感兴趣、平时却无从知晓的内容。

在经济生活的层面，这套丛书安排了中国古代农业、中国古代经济、中国古代贸易、中国古代水利、中国古代赋税等内容，足以勾勒出古代人经济生活的主要内容，让今人得以窥见自己祖先的经济生活情状。

在物质遗存方面，这套丛书则选择了中国古镇、中国古代楼阁、中国古代寺庙、中国古代陵墓、中国古塔、中国古代战场、中国古村落、中国古代宫殿、中国古代城墙等内容。相信读罢这些书，喜欢中国古代物质遗存的读者，已经能掌握这一领域的大多数知识了。

除了上述内容外，其实还有很多难以归类却饶有兴趣的内容，如中国古代乞丐这样的社会史内容，也许有助于我们深入了解这些古代社会底层民众的真实生活情状，走出武侠小说家加诸他们身上的虚幻的丐帮色彩，还原他们的本来面目，加深我们对历史真实性的了解。继承和发扬中华民族几千年创造的优秀文化和民族精神是我们责无旁贷的历史责任。

不难看出，单就内容所涵盖的范围广度来说，有物质遗产，有非物质遗产，还有国粹。这套丛书无疑当得起“中国传统文化的百科全书”的美誉。这套丛书还邀约大批相关的专家、教授参与并指导了稿件的编写工作。应当指出的是,这套丛书在写作过程中,既钩稽、爬梳大量古代文化文献典籍,又参照近人与今人的研究成果,将宏观把握与微观考察相结合。在论述、阐释中,既注意重点突出,又着重于论证层次清晰,从多角度、多层面对文化现象与发展加以考察。这套丛书的出版,有助于我们走进古人的世界,了解他们的生活,去回望我们来时的路。学史使人明智,历史的回眸,有助于我们汲取古人的智慧,借历史的明灯,照亮未来的路,为我们中华民族的伟大崛起添砖加瓦。

是为序。

傅璇琮

2014 年 2 月 8 日

前　言

中华民族创造了一个历史悠久、文化灿烂的文明古国，在原始时代至今的一百多万年历史中，无数的历史遗物和遗迹像天上的繁星，散落在我国广阔无垠的土地上。这些遗物和遗迹是我们中华民族劳动人民智慧的结晶，它向世界显示了我们中华民族辉煌的民族文化和为全人类社会的文明做出的不朽贡献。

在中华民族有文字可考的五千年历史中，有许多引以为骄傲的发明创造，有许多中华民族自身形成的文化传统，还有许多吸收外来文化并融合进我们民族传统的文化现象。正是这些，使中华民族的自身得到发展壮大，成为举世闻名的文明古国，同时，也极大地推动了人类社会文明历史的进程，使中华民族在世界范围内有着难以替代、无与伦比的历史地位。

石窟，又叫石窟寺。它是佛教寺庙建筑的一种，就山崖开凿而成。石窟是佛教的产物，同佛教一样，都起源于印度，并随着佛教的传入，也传入到中国。印度凿石开窟大约始于公元前3世纪中叶，公元7—8世纪逐渐衰微。中国开凿石窟大约始于公元3世纪，盛于公元5—8世纪，唐代以后逐渐减少。

石窟艺术，在某种程度上说也是环境的艺术。环境可为石窟造像提供合适的场所，烘托造像的艺术效果。石窟环境几乎无例外地都选择在远离闹市的山清水秀之处，环境本身就给人一种世外桃源的感觉，与佛教绝情洗欲、向往彼岸佛国净土的主张相合拍。如敦煌莫高窟，在茫茫沙漠之中，鸣沙山下一湾溪水环绕，树木繁茂，绿草如茵，沿山开窟造像，佛国净土的幽静美丽，会给千里跋涉越过荒漠前来朝圣的信徒们以强烈的感受，好像他们真的来到另一个世界。

古老的历史，并没有全都记载在浩瀚的史书里；悠久的文化，也没有全都保留在人们的记忆中。往事如烟，岁月悠悠，华夏文明源远流长，她有许多深藏在历史尘埃中的秘密，等待人们去探寻。

本书收集了我国著名的石窟精髓，第一章介绍了石窟的渊源与我国的石窟，后面几章按石窟所在的不同区域划分，详细地记录了我国的文化遗珠——石窟。本书内容深入浅出，用较为生动而又易于理解的语言叙述了它们的历史与故事，剖析石窟造像艺术精髓，为青少年朋友们奉献一场不一样的文化盛宴，希望从中品读我国古老的佛教文化气息，领略悬崖峭壁上的艺术瑰宝！

目录

第一章 文化遗珠——石窟

第一节 石窟艺术的源头 …… 2

佛教的诞生与基本思想 …… 2

先有佛教，后有石窟 …… 4

印度——石窟的源头 …… 5

佛教的传播 …… 7

佛像的诞生 …… 9

第二节 探寻东方瑰宝 …… 13

宝窟里的魔影 …… 13

石窟寺的起源 …… 18

中国石窟的类型与开凿 …… 20

石窟绘画与雕塑 …… 23

中国石窟知多少 …… 24

中国石窟艺术的发展过程 …… 25

中国石窟的分布 …… 27

石窟与建筑 …… 31

第二章 天山南沿的艺术瑰宝

第一节 银山以西主要石窟 …… 38

克孜尔石窟 …… 38

森木塞姆石窟 …… 41

库木吐喇石窟 …… 42
克子喀拉罕石窟 …… 43
库木土拉石窟 …… 45
焉耆七格星明屋与石窟 …… 47
第二节　银山以东主要石窟 …… 48
胜金口寺院遗址 …… 48
吐峪沟石窟 …… 49
柏孜克里克石窟 …… 50
玛扎伯哈石窟 …… 52
雅尔湖石窟 …… 53

第三章　南方国土的奇光异彩

第一节　东南国土的雅士风度 …… 56
飞来峰石窟 …… 56
栖霞山千佛岩龛像 …… 58
浙江新昌宝相寺龛像 …… 61
地下迷窟——龙游石窟 …… 64
通天岩的罗汉群 …… 65
烟霞洞与石屋洞 …… 67
徐州云龙山石窟 …… 68
第二节　西南寺宇的异彩纷呈 …… 69
皇泽寺石窟 …… 69
千佛崖石窟 …… 71
大足石窟 …… 73
乐山大佛 …… 78
巴中县境内的摩崖造像 …… 80
安岳县境的石窟造像 …… 81

第四章　西北地域的群芳之冠

第一节　凉州佛国的石窟精髓 …… 84
敦煌莫高窟 …… 84
麦积山石窟 …… 89
玉门昌马石窟 …… 99
酒泉文殊山石窟 …… 99
张掖马蹄寺石窟群 …… 101
武威天梯山石窟 …… 107
炳灵寺石窟 …… 109
第二节　西北国土的另类风范 …… 112
须弥山石窟 …… 112
九成宫周边石窟 …… 116
彬县大佛寺 …… 119
延安石窟 …… 122
灵应石窟寺 …… 126
邠州大佛寺石窟 …… 126
郝县石泓寺和阁子头寺石窟 …… 128

第五章　中原北方的石窟精粹

第一节　中原大地的石窟 …… 132
龙门石窟 …… 132
巩县石窟寺 …… 135
天龙山石窟 …… 138
渑池鸿庆寺石窟 …… 140
安阳境内石窟 …… 140
郎公谷造像遗迹 …… 142
黄石崖与千佛山石窟 …… 146

益都云门山石窟 …… 147
佛峪寺摩崖造像 …… 148
第二节　北国风采的瑞颜宝相 …… 150
云冈石窟 …… 150
昙曜五窟 …… 153
宝岩寺石窟 …… 157
龙山道教石窟 …… 158
南北响堂石窟 …… 159
宣雾山石窟 …… 163
万佛堂石窟 …… 164

第六章　艺术中的奇葩——石窟造像

第一节　千姿百态的石窟造像 …… 168
认识石窟造像 …… 168
石窟造像的题材 …… 169
石窟造像的基本姿态 …… 172
常见的手印与姿势 …… 173
石窟造像手中的持物 …… 175
第二节　石窟造像的时代特征 …… 176
北魏前期：规模宏大 …… 176
北魏后期：造型秀丽 …… 177
北齐北周：文弱轻灵 …… 177
隋唐时期：丰满圆润 …… 180
唐中晚期：雍容华贵 …… 180
宋金以后：入世化俗 …… 181
参考书目 …… 183

第一章

文化遗珠——石窟

石窟作为一种艺术，是佛教艺术的重要组成部分，因而也是一种宗教艺术。它的发展与佛教在我国的发展有着十分密切的联系，不仅具有明显的时代特征，同时也受到社会发展的局限。然而，由于它被赋予了中华民族劳动人民的聪明才智和无限的创造力，成为中华大地上一枝艺术的奇葩，光彩夺目，气壮山河。

第一节 石窟艺术的源头

佛教的诞生与基本思想

石窟又称石窟寺，指在河畔山崖间开凿出来的佛教寺庙。对于一些石窟寺洞窟比较密集的地方，人们又习惯称为“千佛洞”。石窟既属于佛寺的性质，它们自然而然也是为宣扬佛教的教义服务的。

世界三大宗教之一的佛教是从印度起源的。其创始人乔达摩·悉达多，佛教徒尊称他为释迦牟尼，意思是“释迦族的圣人”。相传他是释迦族净饭王的太子，出生于今尼泊尔境内的迦毗罗卫（今尼泊尔、印度交界之罗泊提河东北部）。关于他的生卒年代，一般认为是公元前565— 前486 年，与我们中国的孔子处于同一时代。他 29 岁出家，35 岁时独立完成了自己的学说体系，创立了佛教，此后一直在印度恒河流域进行传教活动，在历经漫长的45 年之后，逐渐得到了上层统治者的支持，也拥有越来越多的信徒。

佛教理论的核心内容是宣扬世界是“苦”的，只有信仰佛教才能找到摆脱“苦”的道路。佛教认为，现实世界就是个痛苦的过程，即所谓“苦海无边”。人生的痛苦是由无明（愚昧无知）引起的，只有消除了无明，才能获得解脱；只有信仰佛教去修行，才能消除无明。

佛教还主张“因果报应”“生死轮回”和过去、现在、未来的“三世”

佛教创始人——释迦牟尼

说，宣称一切生物包括人类在内都在不断的轮回中生活。轮回有六条道路：天、人、阿修罗（魔鬼）、地狱、饿鬼、畜生。一个人如果在生时多行善事，遵照佛教制定的行为规范办事，来世就可以转升天界。相反，如果在生时常做坏事，下辈子就要变成饿鬼、畜生，甚或堕入地狱。

佛教为了把人们的思想行动纳入自己的轨道，还指出了种种解脱轮回之苦的道路。它认为世界上一切现象都不是永恒的，而是生灭变化的，就如同人离不开生老病死一样。“涅槃”是人们生活追求的最终目的，也是佛教全部修习所要达到的最高理想，它是摆脱了生死轮回后获得的一种绝对安静、神秘的精神境界，在这个与现实世界相对立的涅槃世界里，既摆脱了外在事物，也摆脱了一切人世间的痛苦与烦恼。只要累世不断地按照佛教的教义去修行，就可以在这个彼岸世界中找到最终的归宿，获得极大的快乐。这就是佛教的

基本思想。数不清的善男信女，为了追求这个虚幻之中的彼岸世界，忍辱负重，施舍行善，甚至将自己的一生寄托在青灯古佛旁，去身体力行佛教规定的种种清规戒律。千百年来，寺院一直是信徒们认为可以实现佛教最高理想、到达彼岸世界的基地。在寺院中，出家人可以拜佛修行，在家的信徒可以来这里领悟佛法的真谛，为自己和亲人们祈福消灾。佛寺里的偶像，即佛、菩萨等已被赋予佛教全部的思想和灵光，在这里，通过僧侣们的引导，人们就可以同佛或菩萨进行精神上的接触。

石窟寺就是提供给僧侣们修行，以达到人与佛之间进行灵魂交流的重要所在。

先有佛教，后有石窟

石窟是佛教的产物，所以，先有佛教，后有石窟。

晚于佛教产生的石窟是在河畔山崖开凿的佛教庙，是僧侣的住处，据说，在释迦牟尼在世时就已经存在。印度大规模的开凿石窟大约在公元前 3 世纪的孔雀王朝时期。一般的石窟寺开凿岩石成一长方形，在入口处做门窗。石窟中间是僧侣集会的地方，两边是僧侣的住房。石窟内都有佛像或舍利塔（埋藏佛骨的塔），石窟四壁雕刻或绘画有关释迦牟尼的壁画。石窟是随着佛教的发展而发展的，在千余年的发展过程中，经历了两大发展时期，一般人们将印度在公元前 3—公元 3 世纪建造的石窟称为早期佛教石窟，将公元 4—7 世纪建造的石窟称为笈多王朝时期石窟。

释迦摩尼像

佛教石窟在经历了它的发展和兴盛时

期后，逐渐趋于衰落，最后作为一种文化遗存，向后人昭示着它当年的光彩和前人的艺术造诣，在人类文明史上写下了永不磨灭的一页。

印度——石窟的源头

佛教刚刚兴起的时候，佛寺的建筑都是木构的茅棚，十分简陋，所以，最早的石窟建造都是仿木构形制的。现在，在印度能见到的最早的石窟是比哈尔邦格雅城北的巴拉巴尔石窟群。这一石窟群开凿的年代大约在公元前3世纪的孔雀王朝时代，最主要者是洛马沙梨石窟。这一石窟就是一穴一门结构，窟高仅4米，是椭圆形，实际上就是一个人的修隐之处。这个石窟的门面凿刻得和当时木构的僧舍一样，在拱形门楣上茅棚式的顶，把柱、梁、椽等全都雕刻上，还刻有一道装饰浮雕，是以群像礼拜佛作为题材的。洛马沙梨石窟的凿石技术和修饰是印度石窟艺术传统开端的代表，并直接影响着日后的佛教石窟。

此后，石窟建筑的规模越来越大，逐渐形成了两类主要的形制。

一种是佛殿或经堂式的石窟，是僧徒拜佛的圣所。石窟的主体是一长方形拱顶的殿堂，殿内正中设有一佛塔（窣堵婆），内藏佛骨。

另一种是佛寺或僧房式的石窟，是僧徒的住所。石窟的中心是一方形大厅，大厅周围凿出供居住的石室，大厅中央正对大门处设一佛堂。但是，从现存的石窟看，多数重要的石窟都兼有佛殿和僧房两种形制。

比哈尔邦格雅城北的巴拉巴尔石窟

在印度早期佛教石窟中，最早的佛殿式石窟代表是现存的位于孟买东南的巴查石窟。巴查石窟大约开凿于

公元前2世纪初，既有佛殿也有僧房，它的结构仍然沿袭木构寺庙。

到公元1世纪前后，石窟的建制逐渐抛弃了仿木结构而自成一体，位于孟买东南的卡尔利石窟的大佛殿，就是这一时期的杰出代表。全殿由中堂和两侧堂组成，中堂是主要部分，两边用列柱与侧堂间隔。中堂的终端正中立一窣堵婆，上竖一木制伞盖。门面为石刻结构。门前立双石柱。大门与殿堂之间为门廊，三面遍布浮雕，富丽堂皇，十分精美。

在印度的笈多王朝时期，佛教石窟的兴建更有所发展。在笈多王朝时期，佛教石窟属于大乘佛教，形制上基本还为佛殿和僧房两大类，但雕刻得更为精美，装饰华丽，而且多数施以彩色壁画，这是其与早期佛教石窟的不同之处。

在孟买市东北的阿旃陀石窟，大约开凿于公元前2世纪，它的早期石窟属小乘佛教。到了笈多王朝时期开凿的石窟，则是这一时期的主要代表。阿旃陀石窟中的第19号窟的佛殿是笈多王朝石窟建筑中最为卓越的。它的中堂两边列柱上都是图案、花草纹样和人物的浮雕，堂内正中的佛塔和门面的窗、

阿旃陀石窟

门两边及周围的墙面都遍设大小神龛，内刻佛像或菩萨像，这些千姿百态的佛像雕刻标志着笈多王朝时期佛教艺术的发达。

阿旃陀 1 号石窟可以算作是僧房石窟的代表。它的中央大厅每边各宽 21 米，正门列 6 根石柱，厅内三边有 16 间石室和 1 座佛堂，连同门外石室共达 22 间，石窟内各处都绘有精美的壁画。

印度现存的宗教洞窟总数有 1200 多个，其中有 3/4 为佛教石窟。石窟按开凿年代分为早、晚两期。早期石窟大都是佛教的，晚期石窟除佛教外，还有印度教和耆那教的。石窟大多集中在西印度德于高原山中。

佛教的传播

佛教起源于古代印度。在公元前 6 世纪末，释迦牟尼创建了佛教，并和他的弟子们致力于佛教的传播，组建僧团和建造寺院。到公元前 4 世纪止，佛教传播的规模和范围都比较小，主要在印度北方的恒河中游一带。

公元前 3 世纪中叶，孔雀王朝阿育王大力推广佛教，佛教传播到全国各地，这种稳定的传播一直延续到公元 1 世纪中叶。而在此时，佛教的教义和戒律有所演进和发展，结果导致佛教分裂成为许多大小不一的部派。

公元 1 世纪中叶，贵霜王朝在印度西北部兴起，疆域逐渐扩大到印度河的上游及恒河流域的大部分地区。佛教传播到了民间各个阶层，并开始制作、礼拜佛像，大乘学说在此时兴起。

公元 4 世纪初，笈多王朝建立，逐渐统一了印度中部和北部的广大地区。佛教在国家的支持下进一步传播，佛教传统文化进一步得到发扬。大乘学说成为佛教思想的主流。

公元 8 世纪中叶，在恒河中下游建立了波罗王朝。密教作为佛教的主流在这里流传。12 世纪中叶，色纳王朝攻占了这个地区，佛教走向衰落。13 世纪初，伊斯兰教民族侵入本地区，佛教完全溃灭。

佛教在公元前 3 世纪中叶，即孔雀王朝第三代王阿育王时期，就开始向

境外传播。主要包括以下地区。

北传佛教指阿育王派人到今天的克什米尔、巴基斯坦北部和阿富汗东南部推广佛教。当地的大月氏人不仅自己信奉佛教，还积极向周围国家传播。向西和向北传入巴克里特里亚，就是现在阿富汗北部和乌兹别克斯坦的南部。向东传入我国新疆及中原地区。这种早期传入中亚和新疆的佛教属于上座部，后来传入我国内地的佛典除了上座部外还有大众部，但它们分别演变为小乘和大乘，我国内地流传的是大乘佛教。

公元4世纪，佛教从我国传入朝鲜，公元6世纪又传到日本。还从我国南方传入越南、柬埔寨东部。然而，传入各地的佛教，都因受到当地政治、经济、文化、宗教和伦理观的影响，变得与在印度时面貌不同。

公元3世纪中叶，阿育王派人到斯里兰卡传播佛教，约在公元5世纪时传到了缅甸和泰国及印度尼西亚。这种南传佛教既混杂有印度教的因素，也受到当地宗教的影响，并和政治有密切关系。

在公元7世纪，佛教传入西藏，称藏传佛教，传入的是小乘佛教，但没有流传。公元9世纪，佛教再次传入的则是密教，藏传佛教也被称为喇嘛教。

喇嘛教教堂

13 世纪，西藏喇嘛教又传入蒙古。

印度佛教和石窟艺术也随着佛教的传播而向四外影响。但只有在阿富汗和中国，石窟艺术的传统才得以继承和发扬。阿富汗巴米扬等地的石窟汇集了印度石窟建筑和犍陀罗艺术的成果，将石窟和巨型造像结合起来，形成了中亚地区独特的巴米扬艺术流派。

佛像的诞生

佛像的产生，大都认为是在贵霜帝国时期的公元 1 世纪末，最初产生于犍陀罗。犍陀罗地区是南亚次大陆西北地区（今巴基斯坦北部及阿富汗东北边境一带）的古代十六列国之一，孔雀王朝时传入佛教。佛教在公元前 6 世纪末兴起后，数百年间无佛像之刻画，凡遇到需要刻佛本人形象的地方，皆以脚印、宝座、菩提树、佛塔等象征。公元 1 世纪后，随大乘佛教的流行，信徒崇拜佛像渐成风气，于是有佛像的创作，最初佛像是从印度民间的鬼神雕像转化而来的。犍陀罗地区在公元 1 世纪时成为贵霜帝国的中心地区，文化艺术很兴盛，此间形成的佛教艺术——犍陀罗艺术，主要的贡献在于佛像的创造。犍陀罗艺术兼有印度和希腊风格，故又有“希腊式佛教艺术”之称，对次大陆本土及周边地区的佛教艺术发展均有重大影响。

犍陀罗佛像首先出现在佛传浮雕中，佛的形象沿袭希腊罗马风格的众神，天人的容貌和服装，也都是希腊式的，佛与天人形体大小相同，都具有凡人的相貌和姿态。

犍陀罗的佛像脸型长方，眉与眼距离近，额高，眼眶微深，眉间有白毫，眼半睁或常态，视前下方，鼻梁高直，嘴唇轮廓显著，嘴小，嘴角深陷，常有胡须。表情娴静和祥，微有笑意，都是凡人情态。额中部发际前伸，两鬓有发，发由前向后梳，发缕清晰。晚期有螺发和其他发型。整个面型像欧罗巴人种。

佛像流传渐广后，才具有特别的神人像，就是佛典中所说的“三十二相，

八十种好”。至于佛成道前的形象，则仍然是俗人样子，上半身披裹着大块布料，衣纹线深而平行，下半身围着长裙，全身佩戴着许多装饰品。

犍陀罗的菩萨像

1. 佛像

佛像有立像、坐像和倚像三种姿势。

立像，头微前俯，两脚分立，重心靠近左脚，右脚似正在移动，向左腿并拢。

坐像，两腿盘在膝部，用外衣遮盖，左右腿上下位置不分明，晚期有露出双脚的。手势常见的有说法、轮法轮转和禅定印。坐像中还包括佛苦行像，表现成道前的6年苦行生活，这是犍陀罗特有的佛像，在其他地区很少见。

倚像，普通倚像两腿相并，交脚倚像两腿交叉。

佛像的台座通常为方座，两侧转角有浮雕狮子的称狮子座，有的台座正面有3个洞口，各伸出一个狮头。有的刻礼佛图，晚期有莲花座。

佛的象征物大都是浮雕，有佛座，佛座上有莲花、佛足迹、法轮、覆钵塔等。在佛足迹中往往附有法轮和莲花。

2. 菩萨像

犍陀罗的菩萨像数量相当多，通常有两种形象，一种是持净水瓶的弥勒菩萨，一种是泛指的菩萨。菩萨面部庄严，有胡须，高鼻梁，发式复杂多样，头后两侧有发垂肩，上身未着衣，下身着裙。发间有装饰品，胸部和颈部也

有多重链饰，上臂和腕有钏，手腕戴镯，脚穿凉鞋，有坐像和立像两种姿势。

3. 本生故事浮雕

犍陀罗本生浮雕多是强调布施和舍身的题材，如六牙象本生、尸毗王本生、睒子本生和须大拿本生，这类题材与基督教赎罪救世思想类似。

“燃灯佛授记本生”浮雕在犍陀罗很多，讲的是释迦牟尼曾经给燃灯佛献莲花供养，燃灯佛预言释尊将来也要成佛。佛典还记载了在犍陀罗境内发生的4个本生故事：尸毗王割肉救鸽、月光王舍眼本生、月光王割己头施人本生和萨埵王子舍身饲虎本生。

知识链接

开龙门

相传远古时期，洛阳南面有一大片烟波浩渺的湖水，周围青山苍翠，芳草萋萋。人们在山上放牧，在湖里打鱼，过着平静的生活。村里有个勤劳的孩子，天天到山上牧羊，常常听到从地下传出“开不开”的奇怪声音，回到家，便把这件事告诉给母亲。母亲想了想，便告诉他，如果再听到的话就回答：“开！”谁知一声未了，天崩地裂，龙门山倾刻从中间裂开，汹涌的湖水从裂口倾出，奔腾咆哮地绕过洛阳城，一泻千里流向东海。水流之后，无数清泉从山崖石罅中迸出，蓄为芳池，泻为飞瀑。两山的崖壁上则出现了无数蜂窝似的窟隆，窟隆内影影绰绰全是石像，有的眉清目秀，有的轮廓不清，千姿百态，蔚为奇观。从此，龙门石窟便名扬天下了。

4. 佛传浮雕

犍陀罗的佛传浮雕远多于本生浮雕，所表现的故事情节有许多。从诞生前后的托胎灵梦树下诞生起，接着是幼年和青年时期，其间有他的宫廷生活、访贫问苦。在他出家之后，描绘了他的苦行生活和求师问道。关于他的成道，有相当多的表现。初转法轮是佛传中重点表达的情节，此后45年间，他在恒河流域巡回游化说法，内容十分丰富，包括他回乡说法，亲属族人皈依佛教，诸如此类。游化说法图场面比较多，可以单独分为一类题材。

犍陀罗佛传还十分重视佛的涅槃，浮雕中表观涅槃的场面有多种，如涅槃，遗体火化，争夺舍利，分舍利，守护舍利，运回舍利等。画面构图和情节也有许多变化，表达佛信士弟子哀悼的形象特别生动，人物形象各不相同。

犍陀罗的佛传浮雕，绝大多数是一幅一个情节，表达的主题十分清楚。图幅背景或两侧常常配有道具、建筑、动物或风景，以表明缘故。佛传浮雕都是镶嵌在佛塔台基侧面的，依照时间顺序排列。一套佛传的组合幅数在各地并不相同。

犍陀罗的故事浮雕也有其他题材，如过去七佛与弥勒菩萨、弥勒说法等。

犍陀罗的故事浮雕，在艺术方面主要是引入了希腊罗马的构图、布局、人物形象和创作技法。在思想立意方面，也受到希腊罗马的影响，同时，它也受到了印度本土传统雕刻技法的影响。

5. 佛龛像的出现

佛龛像

大约在公元3世纪初，出现了早期的佛龛像。

佛龛像的特点是，佛坐于中，龛外有礼拜或供奉的人物，人物形体远小于佛像，此后的佛龛像，龛形逐渐规范，有梯

形、拱楣形的窟形。龛中仅有坐佛像，形体远大于龛外的供奉者和礼拜者。

佛龛像在供奉礼拜的意义上与以前的佛像有所区别，这时龛中的佛像相对于龛外人物来说，已成为超人的、具有巨大神威的形象。龛像不表现具体的时间、环境和情节，是专门用来供奉的，并成为寺院首要的礼拜对象，成了多地佛堂主尊佛像的通用形式。

第二节　探寻东方瑰宝

宝窟里的魔影

在探访中国的石窟寺之前，先来追忆一下中国最后一个封建王朝即将灭亡之际，发生在石窟里的故事，也许能更加引起我们对中国古代文明的深思，以及对佛教艺术的兴趣。

中国的甘肃西部和新疆地区，是古代贯通欧亚的丝绸之路的必经之地，也是东西方文明和印度佛教文化的交汇之地，千百年的历史岁月，在这里积淀下了深厚的古代文化根基。自从工业革命发生后，过去繁忙的内陆交通，渐渐被海上的运输所替代，以至于这条古老的道路湮没荒废、无人问津了。到 19 世纪末至 20 世纪初期，西方发达国家在文化领域里掀起了一股去遥远东方探险的热潮，他们认为在这寂寞荒凉、杳无人迹的沙漠之中，蕴藏着巨大的古代文化财富。于是，探险者沿着古老的丝绸之路，纷纷踏上东方这片

楼兰古城遗址

神秘的国土。

1895 年 12 月，一个名叫斯文・赫定的瑞典探险家，完成了一次穿越塔克拉玛干沙漠的危险旅行。1899 年 9 月，在瑞典国王奥斯卡和百万富翁诺贝尔的支持下，赫定再次进入塔克拉玛干，发现了久已湮废的楼兰古城，震惊了西方世界。在 1900 年 5 月，英国的斯坦因开始在塔克拉玛干沙漠南沿发掘古代佛寺遗址。1902 年，德国和日本的探险队也出现在新疆的古道上。最后相继有 7 个国家的探险者加入了这场竞争的行列，然后带着他们的考察成果凯旋。于是西方著名的大学、研究所、博物馆，就成了他们去宣讲中国古代文明，研究、收藏获取文物的重要领地。一时间，在物质发达的西方国家涌现出“东方文明”这个热门话题。从历史发展的角度来看，这对弘扬中国的古代文明无疑是有好处的。然而不幸的是，这些被西方冠以“英雄”称号的人物，也把中国的石窟寺当成了他们探险掠夺的重要对象，给这些保存了 1000

多年的佛教艺术品造成了破坏与灾难。

1902 年，德国柏林人类文化学博物馆的三位工作人员——格林韦德尔教授、休斯博士和巴塔思，由军火大王克虏伯资助，前往吐鲁番地区工作了近 5 个月，满载着 46 箱佛教壁画、手写文书和雕塑回到柏林。他们的行动，引起了德国皇帝威廉二世的注意，因此而特别组织了一个委员会，克虏伯和威廉二世以个人的名义捐助了一笔巨大的经费，计划进行一次更大的远征行动。由于休斯中途死亡和格林韦德尔的健康状况不佳，就势必物色一个新的领导人选。于是，他们选定的一位意志坚强、卓越超群的人物——勒科克登场了。

勒科克，1860 年 9 月 8 日出生于柏林，曾经学习过阿拉伯语、突厥语和波斯语，以及印度古代的梵文。1902 年，在他 42 岁时参加了柏林人类文化学博物馆印度分馆的工作。1904 年 9 月，勒科克和巴塔思组成的远征队从柏林出发。11 月 18 日到达吐鲁番以后，他们先在高昌故城发掘了一段时间，然后转移到了位于吐鲁番东北约 50 公里处的柏孜克里克石窟，把他们的总部设立在石窟南端的一所旧庙里。勒科克在《中国土耳其斯坦被埋藏的宝藏》一书中写道："在石窟的前面，勒科克沿着高高的沙堆往上爬，他的脚蹬下了一堆沙土，犹如耍魔术一样，我蓦然看见我的左右两边的墙壁上有用各种颜色绘画的光彩夺目的壁画。画是那样的鲜明，好像艺术家们刚刚完成似的。既然我们能得到这些壁画，我们的胜利就有保证了。"他们开始挖掘清理沙土，发现的壁画越来越多，还有不少彩塑佛像。勒科克后来写道："凭借长时间和艰苦的工作，我们成功地把这些壁画都割切下来。经过 20 个月时间的运输，最后安全地把它们全部运到柏林。在那里，它们整整填满了博物馆的一个房间。"他接着说，"这是一个佛堂中的全部壁画，能把一个佛堂的全部壁画运到柏林的还为数不多。"

1905 年 12 月，勒科克和格林韦德尔领导的第三次"德国探险队"合并，把目标指向了塔克拉玛干沙漠北沿的库车与拜城一带。当他们赶到拜城县东南约 60 余公里处的克孜尔地区时，一个当地的仆人告诉他们，在山的近旁隐藏着一个石窟群。过去几个日本人曾经到过那里，并在那里干了 3 个月。勒

科克和巴塔思立即骑马前去察看，发现在“河边一座山岭的峭壁上有数百石窟组成了一个奇异的村落”。勒科克租了一个当地农民的两间简陋的茅屋，就开始对这里的石窟进行一系列勘探与发掘。勒科克自己在描写一所洞窟中的壁画时说：“这里的壁画是我们在土耳其斯坦任何地方都找不到的最优美的壁画。它包括传说中佛陀的种种形态和他所处在的种种场面，而且又几乎都具有纯粹的古希腊的特征。”勒科克主张把洞窟里的所有东西都一股脑儿搬走，尤其是壁画，他甚至打算把一座小佛堂画有图画的整个圆屋顶运回柏林去。格林韦德尔却不同意，他认为应该把遗址作为一个整体来测量画图研究。这一次勒科克妥协了，但在接下来由他所领导的又一次远征中，还是把一个壁画圆屋顶运走了。

令人遗憾的是，格林韦德尔和勒科克历次从新疆带回柏林的佛教艺术品，约有 1/3 在第二次世界大战中被毁坏了。

德国人的探险收获并不是个例，早在 1903 年，日本人渡边哲信和崛贤雄就曾经在克孜尔石窟切割走了一批壁画，并发掘了不少文物。1923 年，美国哈佛大学福格艺术博物馆东方部主任华尔纳，在敦煌莫高窟用胶布粘去与毁损了壁画共 26 方，共有 32006 平方厘米，并搬走了优美的半跪式观音菩萨彩塑一尊。这批珍贵的艺术品现藏在美国哈佛大学福格博物馆。所有外国人拿走的中国西部古代文物，如今散布在欧洲、美国、俄罗斯、印度、日本的 30 处以上的博物馆和文化机构之中。

1956 年，英国旅行家戴维森也沿着丝绸之路来到了新疆，看到了柏孜克里克石窟中被割成空白的墙壁，便在他的《活着的土耳其斯坦》一书中写道：“这是令人感到悲哀和厌恶的景象。许多壁画已经经历了千年以上的时间。如果它们能够再存在哪怕是半个世纪，今天它们也会安然无恙地留存在那里。”

这些探险队员们的所谓壮举，引起了外国古董商们的极大兴趣。历史进入了 20 世纪 20 年代以后，对石窟的人为破坏，逐渐变成了一种肮脏的纯金钱交易——由外国商人来雇用中国人中的不法分子进行了。

1934 年间，洛阳市南郊的龙门石窟前，白天是车水马龙的交通要道，过

洛阳龙门石窟

往的行人可随时进石窟观赏佛像。可到了晚上，这里仍不是太平之地。有偃师县的王姓石匠三人，常常借着微弱的星月之光，从南岸渡河进入著名的宾阳中洞，去盗凿前壁精美的《帝后礼佛图》浮雕。原来，这是一起早有预谋的盗窃行径。这是北京古玩奸商岳彬和美国人普爱伦先签订了秘密合同，再由洛阳的古玩奸商马龙图出面，勾结偃师县的伪保长与土匪，持枪胁迫这三个石匠秘密进行的。如今，这两幅无与伦比的皇帝与皇后礼佛图，分别保存在美国纽约大都会博物馆和堪萨斯州纳尔逊博物馆。据调查，类似这种有目的的盗凿留下的痕迹在龙门石窟有720处之多，且这些被盗凿的都是雕刻中的精品。

无独有偶，同时期在大同云冈石窟，被盗劫和破坏的佛像达1400余躯；在太原天龙山石窟，有150多件精美雕刻品被日、美等国的一些人劫往国外；邯郸的响堂山石窟也遭到严重破坏，佛像头部大都被盗凿失去，不少雕刻精

品散失在日本和欧美各国。

曾在敦煌临摹过壁画的中国美术大师张大千，一次去欧洲拜访毕加索。毕加索却奇怪地对他说："你们东方的艺术远比西方人高明得多，你来欧洲学习什么呢?"听了这样的话，不禁让我们感慨颇多。

石窟寺的起源

公元399—412年，东晋的大旅行家法显游历了印度和斯里兰卡，回国之后写了一本《佛国记》，上面记载了很多当年释迦牟尼和弟子们坐禅修行用的石窟。公元628—645年，唐代的高僧玄奘前往西天取经求法，也见到了一些相传是释迦牟尼时代的石窟，记录在他的《大唐西域记》中。在释迦牟尼最初传播佛教时，是否真有石窟寺存在，我们不得而知。不过印度确实存在着很多提供给僧人起居修行用的石窟，叫作"毗诃罗"，意思就是僧房，一般是一个平面方形的大厅，周围环绕着许多小型的石窟。但这种石窟目前在印度发现最早的，也是在佛祖涅槃三四百年以后开凿出来的。

印度现存最早的石窟寺，是比哈尔邦加雅城北部的巴拉巴尔石窟群，大约是在公元前3世纪的孔雀王朝时代开凿出来的，著名的洛马斯里什窟和苏达马窟就是其中的代表作。这些石窟的平面一般是长方形的，窟的最里端有的是椭圆形，这里一般是安置一个覆钵形塔。窟室虽然是在岩石中刻凿出来的，它的外形却仿照木构小屋，其中的柱、梁、檩、椽等象征性的建筑部件清晰可见。也许最早的出家修行者住的就是这种木构小屋。巴拉巴尔的这些石窟都不是佛教徒的，而是被佛教贬称为"邪命外道"的生活派教徒修行窟。时隔不久，这种石窟的基本构想就被佛教徒接受了。

德干高原西部的孟买附近，分布着巴雅、贝德萨、卡尔拉、纳西克、阿旃陀等著名的石窟寺。每个石窟群在组合搭配上都是有规律的，一般是若干僧房窟围绕着一个塔堂窟。所谓塔堂窟，也就是佛教徒们进行礼拜、讲经说法的佛殿，是进行集体佛事活动的场所。塔堂窟的平面是长方形的，最里端

凿成半圆形，并安置一个覆钵形的佛塔，环绕着佛塔和大厅的两侧布置列柱，在列柱与窟室墙壁之间就形成了一个礼拜道。石窟的顶部也是仿木构建筑的纵券形，空间与规模虽然越来越大，但仍然可以看出对“邪命外道”修行窟的继承与发展。塔堂窟是我们从形状与用途上给它们起的名字，而传统的名称则是“支提窟”。因为“塔”在古代印度是坟冢的意思，释迦牟尼涅槃以后，弟子们把他的遗骨（舍利）也按照印度古老的习惯葬在了塔下，于是塔就成了佛祖涅槃的象征了。佛教认为，如果能经常性地围绕佛塔做礼拜，就可以在来世获取无上的功德和福报。所以，环绕着佛塔作右旋礼拜，也就成为僧侣们每日必做的功课了。石窟里的塔是用石头雕出来的，它的里面没有舍利，只是象征性的，这种塔在佛教文献里称作“支提”，也就是传统“支提窟”名称的命名依据。

我们知道，中国的石窟寺里主要供奉佛像，而印度的这些早期石窟里却没有佛像，在其他类型的佛教雕刻中也是这样的。这是因为小乘佛教只崇拜释迦牟尼佛，认为他是超人间的特殊存在，是不能用普通凡人的形象来表现的。公元1世纪大乘佛教在印度兴起之后，佛在人们的心目中，就不再像以前那样神秘而令人不可接近了。人人都能够成佛的思想，要求在佛教艺术界变佛的抽象为具象，于是佛像便应运而生了。

印度现存最早的佛像，是公元1世纪于西北部的犍陀罗地区兴起的。这一带原来是希腊人统治的地区，保留了很多希腊雕刻艺术传统。有趣的是，这些最早的石雕佛像，在脸型和衣衫的刻画方面直接借用了希腊艺术的特色，很像希腊固有的救世主阿波罗神，只是在佛的头后刻出圆形光轮以显示神圣，双目俯视、嘴含微笑表现了佛祖特有的慈悲情感。这种希腊式的佛像艺术，就是被艺术家们命名的所谓“犍陀罗艺术”。

在犍陀罗地区刚刚出现佛像不久，印度的秣菟罗地区又产生了一种风格迥异的佛像，被人们称为“秣菟罗艺术”。这种佛像有着圆圆的面庞、厚厚的嘴唇，与以前印度人所雕刻的神灵形象是相同的，因此它应该是在印度传统的雕刻艺术基础上产生的佛祖形象。

一个是外来的，一个是土生土长的，那么究竟哪一种才能代表佛祖的真容呢？佛教，既是一种宗教，也可以看成一种文化现象。这种宗教和文化是在印度产生的，那么在表现形式上是可以借鉴一些外来的东西，但归根结底是要印度的佛教徒能接受它们。以后发展的事实表明，犍陀罗艺术虽然也流行了数百年，而信徒们最终选择的是印度本民族的秣菟罗艺术。所以，当佛的形象出现在印度石窟里的时候，信徒们顶礼膜拜的正是秣菟罗式的佛像。

犍陀罗艺术佛像

石窟寺在印度诞生，佛祖的象征像和真容像被陆续请进了这些神圣的石凿殿堂。印度僧侣们所选择的这种修行场所和礼拜供奉方式，随着佛教沿北、南两线的向外传播，在中亚、东亚、南亚以及东南亚开放出绚丽多姿的艺术之花。而东亚佛教艺术发展的中心，就是中国大陆。

中国石窟的类型与开凿

中国石窟寺的开凿，是向印度学习的。石窟寺分布的地理位置，一般是在既远离尘世间的干扰、环境优美、便于僧侣们静心修行，又接近交通要道、生活方便、便于香客们虔心朝拜的地区。

中国石窟寺的类型颇多，概括起来可归纳为以下几类。

(1) 窟内立着中心塔柱的塔庙窟。此类石窟是供僧侣做礼拜的，盛行于十六国与北朝时期。

(2) 没有中心塔柱的佛殿窟。此类石窟顶部一般为覆斗形，是礼拜与讲经的地方，盛行于北朝晚期与隋唐时期。

(3) 主要为僧人生活起居和坐禅用的僧房窟。此类石窟一般是一个大室带几间小室，多见于十六国与北朝时期。

(4) 塔庙窟和佛殿窟中雕塑大型佛像的大像窟。自十六国至隋唐时期都有发现。

(5) 佛殿窟内设坛放置佛像的佛坛窟。此类石窟一般见于盛唐至明代。

山西大同云冈石窟大佛

(6) 专为僧人坐禅修行用的小型禅窟（罗汉窟）以及由小型禅窟组成的禅窟群。

(7) 没有特定洞窟形制的石窟寺。此类石窟有的是利用天然洞穴；有的开凿成露天摩崖龛的形式；有的根据崖面走向进行统一布局与特殊处理，以达到与自然山体的有机结合。后一种多见于唐代以后。

云游和尚开石窟

1000 多年前，一位云游四方的和尚，经过长途跋涉之后，在龙门前面的一条河边，停住了脚步。这时太阳已经快要隐没到龙门的背后，只有山顶上还沐浴着一道道金光，和尚已休息了大半天，环顾四周，想找个栖身住宿的岩洞。当他的视线触及前面的龙门石壁时，忽然全身一震，惊呆了：原来在他面前，出现了一幕不可思议的奇境，怪石林立的龙门山上，在金光夕照中，出现了千百尊佛，他们袒胸露背，斜披着袈裟，他们有的盘坐，有的垂脚而坐，有的斜依岩石，猛兽驯服在他们脚边，他们或双手合十，或俯首微笑，背后都闪着金光。"佛祖显圣了，佛祖因我的虔诚而显圣了"。和尚激动得全身颤抖，不敢再逼视这金光闪闪的景象，只顾匍匐在地上顶礼膜拜。与此同时，他领会了佛祖无声的启示，立即许下了建造石窟寺的誓言，这就是后来的龙门石窟。

中国石窟寺的开凿多为就地选材、因地制宜。例如，洛阳龙门石窟建在质地坚硬的寒武、奥陶纪石灰岩上，在它的表面雕刻出很精细的纹饰与形象；大同云冈石窟建在较为松散的侏罗纪砂岩上，雕凿起来较石灰岩省力得多，因此较容易开出一系列宏伟的大型洞窟，但对于具体的形象却无法像龙门那样精雕细刻；敦煌莫高窟所在的鸣沙山，是由第四纪初期的沉积物酒泉砾石层组成的大小不等的鹅卵石和沙土的混凝物，石子虽然坚硬，但彼此间的粘力不大，虽可凿窟，但在上面雕刻就难以进行，于是莫高窟只能在砾岩上抹泥层，再制作泥塑像与绘壁画。各种各样的石窟寺，在最先设计的时候，一般都修建有木结构的窟檐以保护石窟，有的在窟前还加盖了木结构的佛殿，

石窟是木结构佛寺的重要组成部分。随着岁月的流逝，木质的建筑早已不存在了，今天人们所能看到的，就只有裸露在断崖间的一个个洞窟了。

如今，保存在中国大地上数不清的石窟寺，留给人们的已不仅仅是佛家思想的启迪，更重要的是，它们已成为一份珍贵的文化遗产。石窟艺术来自现实生活，在众多的石窟寺中，包含着许多中国古代珍贵的建筑、雕塑、绘画的珍品，包含着取之不尽的研究古代宗教、哲学、艺术及风俗的资料；同时，不少石窟寺今天已开发成为风景与名胜区，游览石窟，可以使人们的心灵得到净化，将自己与宁静而辽阔的大自然融为一体。

石窟绘画与雕塑

石窟艺术保存了将近千年的壁画与造像。从这些作品中，完全可以证实：画人物，由“面如恨刻，削为容仪”，到“丰厚为体、大髻宽衣”的地主阶级的人物形象；画狗、马，由“螭颈龙体，喙尖腹细”，到曹霸、韩幹“画肉不画骨”的风格；画山水，由“人大于山，水不容泛”，到“乔林嘉树，碧潭素濑，笔格遒劲，湍濑潺湲”，以至于发展到“一摆之波，三折之浪”，“主峰最宜高耸，客峰须是奔趋”的格调；画树林，由“伸臂布指，刷脉镂叶”，到“栖梧菀柳”，以致“屈节皴皮，纽裂多端”；等等，所有这些记载，在石窟壁画中，几乎都能一一予以证实。

石窟中各种各样的雕、塑像，基本上都是佛教造像，而佛教是从印度犍陀罗传过来的，因而这些形象开始是以犍陀罗佛教为题材的。表现艺术形象的技法，在汉代雕塑用阴线条表现作品细部的基础上，吸收犍陀罗的艺术风格，发展成为凸起的圆线条或扁平的线条。石窟的雕塑像，在南北朝早中期时，从题材上，以反映中国玄学化大乘学各种故事为主，偶有大幅的佛本生故事浮雕。在面相或衣纹上，又根据汉民族的生活习俗，有了较大发展。如晚唐四川大足的石窟造像，就是一例，这是我国雕塑史上的一大进步。过去一些学者认为，石窟造像就是犍陀罗雕塑艺术的东传，它违背了文艺作品是一定社会生活在人类头脑中反映的产物这一原理，其说法的荒谬，已为事实所证实。

由此可见，中国的石窟艺术，它是研究中国社会史、佛教史、艺术史的珍贵资料，是我国最重要的文化遗产之一，因此，必须妥善地加以保护。我们研究石窟，不能只在美术考古、美术史、作品的美与不美这些方面着眼，而要进行全面的研究。如果只局限在美术一方面，忽略了作品的内容和思想性，那就是一种片面化、简单化的研究方法。

晚唐四川大足的石窟造像

中国石窟知多少

20 世纪初，一些外国人根据录于明清地方志和游记中的中国各地的石窟遗迹，调查了一部分重要的石窟。像日本人伊东忠太在 1902 年，调查了山西大同的云冈石窟；法国人沙畹在 1907 年调查了洛阳的龙门石窟。可是，还有不少外国人，在调查石窟的同时，也对石窟的宝贵财富进行掠夺和破坏。

新中国成立以后，石窟遗迹得到了应有的重视。全国各地对现存的石窟都开展了调查和记录工作，重新发现了许多湮没已久的重要窟龛。

在我国广袤的土地上，石窟数量之多，分布之广，都居世界首位。新疆的克孜尔石窟编号洞窟有 236 个；库木土拉石窟编号洞窟有 112 个；龟兹石窟群造像有 8 处；甘肃的敦煌石窟保存有彩塑达 3000 余身；山西大同云冈石窟有 53 个洞窟，1100 多小龛，造佛像 51000 多尊；辽宁义县万佛堂石窟现存

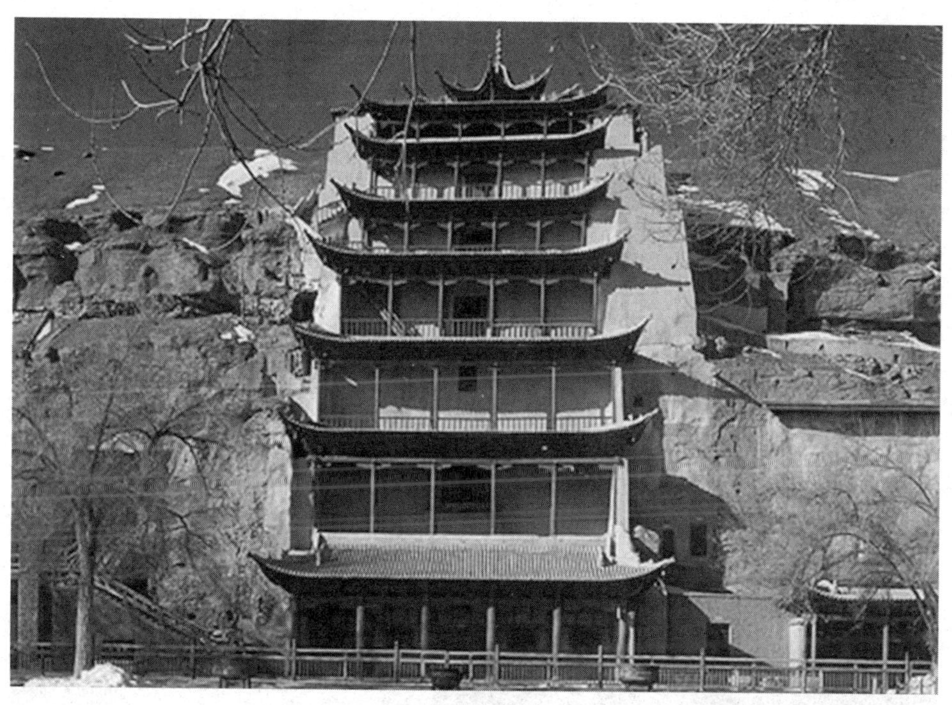

龟兹石窟群遗址

雕像400多尊；河南洛阳的龙门石窟窟龛有2100多个，造像10万余躯，题记碑碣3600多块；山西太原的天龙山石窟共8龛，雕像40余尊；河北邯郸响堂山石窟有7窟，北响堂山石窟分南、北、中三部分；山东济南的千佛崖皆为隋唐雕刻；南京栖霞山千佛岩290龛中造像515尊；浙江杭州飞来峰现存4窟及不少佛龛，保存较完整造像280多尊；四川大足石窟，现存石刻造像5万多尊，分布40余处。尚有一连串石窟分布于各地名胜地区，成为中外闻名的艺术瑰宝。

中国石窟艺术的发展过程

石窟艺术是佛教艺术的一个组成部分，开始是由西方传来的。从今天遗存的窟群来看，新疆拜城克孜尔的窟群，库车的库木土拉、森木塞姆、克子

喀拉罕等窟群，是把佛本生故事变相，画在窟顶的菱形方格内，四周则画出所供养的佛、菩萨等像。敦煌的莫高窟，根据现存最早的窟，如第二百七十五窟的窟形，是在汉民族形式居室建筑的基础上，创造了纵长盝顶式，与新疆早期石窟的形制大致相同；两壁横幅画出汉画像石式的本生故事画，在题材上，与新疆石窟的壁画大致相同。这种早期作品，还保存着新疆地方（古代西域）石窟艺术与中原艺术相结合的艺术风格。

甘肃地区（十六国时五凉），由敦煌莫高窟到永靖炳灵寺，再南到天水麦积崖。其早期造像、壁画的题材与风格，完全是相同的。北魏太武帝拓跋焘太延五年（439 年）统一河西以后，僧侣与信徒们多东迁平城。云冈早期的第十六窟至第二十窟，以及第七窟、第八窟，造像的题材和风格，与河西、天水等地区早期造像的风格是相同的。这充分说明了石窟艺术是沿着由西而东的路线发展的。

炳灵寺石窟造像

北魏太和年中（486—499年），鲜卑统治集团为了加速北魏政权的封建化过程，加强镇压中原人民，实行了汉化政策。反映到石窟艺术上，以云冈、龙门为中心，无论何种形象，都采取了汉族形式的衣饰。由北魏首都平城、洛阳向外发展，西至秦陇、河西各石窟，南至巴蜀，东北至营州（义县万佛堂），东南至青、徐（云门山与驼山）都受到了影响。这是中国石窟艺术发展历程中的一大变化。根据这样的发展道路，全国最大的石窟群，如莫高窟、麦积崖、炳灵寺、寺沟等北朝中期后的石窟造像，完全可以说受到云冈、龙门造像的影响。北朝末期，四川广元千佛崖第七十二窟的佛、菩萨等造像，与甘肃天水麦积崖中晚期的造像风格是完全相同的，因此可以说，四川地区早期的石窟造像是受到麦积崖、炳灵寺石窟造像影响的。

隋唐时代，生产关系有某些改进，生产力有了发展。佛教是当时各阶级信仰的主要宗教之一，东西两京是全国的佛教中心。大寺院，如西京的大慈恩寺、大兴善寺、弘福寺，东京的福先寺等，都设有翻经院。而两京的大寺院，又都有当时著名画家所画的各种经变图。张彦远、段成式等人的著作，不仅记录了许多寺院壁画的题材，而且还记录了这些壁画风格上如何优美。这样就便于把这种艺术风格推广到全国各地。莫高窟中唐代各期所画的壁画，尤其初、盛唐时期的壁画，虽不能与文献中所记两京寺院的壁画相媲美，但可以肯定地说，许多画风是与画史所记各大家的风格相一致的。

五代和宋朝以来，石窟艺术不像以前那样发达了，开凿的石窟也比较少，因而渐趋衰落了。不过像大足龙岗山、佛湾的造像，如《父母恩重经》的浮雕，却更接近人间气息，这是以前各代石窟造像所不能比拟的。

中国石窟的分布

据有关方面考察而知，我国的石窟寺及摩崖造像十分普及，它们分布在新疆、青海、甘肃、陕西、辽宁、内蒙古、宁夏、山西、河南、河北、山东、江苏、浙江、福建、江西、湖北、广西、云南、四川、西藏等多个省区，在世界上可谓分布面最广、数量最多，延续时间也最长。

中国的石窟可分七类：①窟内立中心塔柱的塔庙窟；②无中心塔柱的佛殿窟；③主要为僧人生活起居和禅行的僧房窟；④塔庙窟和佛殿窟中雕塑大佛像的大像窟；⑤佛殿窟内设坛置像的佛坛窟；⑥僧房窟中专为禅行的小型禅窟（罗汉窟）；⑦小型禅窟成组的禅窟群。根据洞窟形制和主要造像的差异，可分为新疆地区、中原北方地区、南方地区和西藏地区四个大地区。

1. 新疆地区石窟

新疆地区分布在自喀什向东的塔里木盆地北沿路线上，集中的地点有三区。

（1）古龟兹区，在今库下、拜城一带。主要石窟有拜城境内的克孜尔石窟、库车境内的克孜尔朵哈石窟、库木吐拉石窟和森木塞姆石窟。其中克孜尔石窟规模最大，开凿最早，大约开凿于公元3 世纪，公元4 世纪至公元5 世纪是其繁盛期，最晚的洞窟大约属于公元 8 世纪。其他三处，开凿的时间都比克孜尔晚，衰落的时间可能在公元 11 世纪。

（2）古焉耆区，在今焉耆回族自治县七格星一带，开凿时间在公元 5 世纪以后。

（3）古高昌区，在今吐鲁番附近。主要石窟有吐峪沟石窟和柏孜克里克石窟。吐峪沟早期石窟约开凿在公元 5 世纪，柏孜克里克主要石窟是公元 9 世纪以后回鹘高昌时期的遗迹，最晚的洞窟有可能在公元 13 世纪。

新疆石窟多塔庙窟、大像窟、僧房窟、禅窟以及不同形制洞窟组成的洞窟组合，也有少量的禅窟群。公元 5 世纪以后，方形佛殿窟数量增多，出现了佛坛窟。焉耆、吐鲁番一带还有洞窟前面接砌土坯前堂和运用土坯砌建的洞窟。这些不同形制的洞窟，除一般僧房窟外，窟内都绘壁画，绝大部分原来还置有塑像。绘塑内容，公元 6 世纪以前，主要有释迦、交脚弥勒和表现释迦的本生、佛传、因缘等图像。公元 6 世纪出现了千佛。公元 8 世纪以来，

中原北方地区盛行的阿弥陀和阿弥陀净土以及其他净土，还有一些密教形象，都逐渐传播到这里，壁画布局和绘画技法也较显著地受到中原北方石窟的影响。

2. 中原北方地区石窟

指新疆以东、淮河流域以北，以及长城内外的广大地区。这个地区石窟数量多，内容复杂，是中国石窟遗迹中的主要部分，可细分为四区。

（1）河西区。甘肃黄河以西各县沿南山的地段，大都分布有数量不等的石窟。其中敦煌莫高窟延续时间长、洞窟数量多。莫高窟是现存最早的洞窟，开凿于公元5世纪，陆续兴建到公元14世纪。莫高窟以东的重要石窟有安西榆林窟、玉门昌马石窟、酒泉文殊山石窟、肃南金塔寺石窟和武威天梯山石窟等。这几处石窟除榆林窟外，都还保存公元5世纪至公元6世纪的遗迹。

玉门昌马石窟的图像

武威天梯山石窟有可能是历史上有名的凉州石窟的遗迹。

（2）甘宁黄河以东区。主要石窟有永靖炳灵寺石窟、天水麦积山石窟、同原须弥山石窟、庆阳平定川石窟、庆阳南北石窟寺。同原、庆阳石窟始凿于公元6世纪；永靖、天水石窟始凿于公元5世纪，其中，炳灵寺石窟第169窟无量寿佛龛有公元420年题记，是中国现存窟龛有明确纪年的最早一处。

（3）陕西区。少数窟龛开凿于公元6世纪，主要石窟都开凿于公元6世纪以后，如公元7世纪开凿的彬县大佛寺石窟、耀县药王山石窟，公元8世纪开凿的富县石泓寺石窟，公元11世纪至12世纪开凿的黄陵万佛寺石窟、延安万佛洞石窟和志丹城台石窟等。陕西区石窟是中原北方地区晚期石窟较集中的一处。

（4）晋豫及其以东区。以公元5世纪至公元6世纪北魏皇室显要开凿的大同云冈石窟和洛阳龙门石窟、巩县石窟为主流，延续此主流的重要石窟有公元6世纪中期开凿的邯郸响堂山石窟和公元6世纪至公元7世纪开凿的太原天龙山石窟。此外，公元5世纪至公元6世纪开凿的义县万佛堂石窟、渑池鸿庆寺石窟、济南黄花岩石窟和公元7世纪初开凿的安阳宝山石窟，也都与上述这批主流石窟有密切关系。晋豫及其以东地区石窟的承袭关系比较清楚，充分表现了佛教石窟逐步东方化的具体过程，因此，这个地区石窟在全国石窟中占有重要地位。此区开凿较晚的石窟，还有公元6世纪至公元8世纪开凿的益都云门山石窟、驼山石窟，公元11世纪开凿的内蒙古巴林左旗洞山石窟，公元13世纪至公元14世纪开凿的内蒙古鄂托克旗百眼窟石窟和公元15世纪至公元16世纪开凿的平顺宝岩寺石窟。

3. 南方地区石窟

南方地区石窟数量较少，大致上有以下这些石窟：开凿于公元5—6世纪的南京栖霞山和浙江新昌剡溪大佛；开凿于公元8—12世纪的四川石窟，如大足大佛等；开凿于公元9—13世纪的云南大理剑川石钟山石窟。其中南京栖霞山石窟是中国江南地区最早建造的佛教石窟，由千佛岩和舍利塔构成。

千佛岩开凿于南朝萧齐永明二年（公元 484 年），完成于梁天监十年（511 年），舍利塔建于隋朝。四川地区广元石窟是最早开凿的石窟，时间约为北魏延昌三年（514 年）前后，后有北周、隋唐、元明清各朝陆续修建。此处石窟造像和麦积山石窟造像相近，可见此时南北佛教艺术已经开始交流。四川晚期石窟的代表则是大足石刻，始凿于于唐永徽年间，即公元650 年。

4. 西藏地区石窟

西藏吐蕃时期的石窟十分罕见，现在所能见到的主要是 10 世纪后修建的。主要代表石窟有拉萨药王山等处。药王山石窟群中最重要的是查拉路普石窟。据明代《贤者喜宴》记载得知这座石窟是由松赞干布的藏妃茹雍主持开凿的，是当前考古发现的西藏最早的石窟。此外阿里地区还有一些石窟，大致修建于公元 11—16 世纪，是我们研究晚期藏传佛教艺术的实物史料。

中国境内的上述这四个地区的石窟并不是孤立存在的，它们相互影响借鉴，逐渐形成各自的独特艺术风貌。

石窟与建筑

石窟本身与石窟外的建筑处理和石窟中的艺术品，所表现的古代建筑都是中国历史上各时代建筑艺术面貌的反映。

1. 石窟寺的窟室形制

早期包括北朝的窟形以中心塔柱式为典型，类似于印度的支提窟。此外还有覆斗式方窟、平顶方窟和毗诃罗窟及穹隆式窟。

“支提”是塔的一种称呼，塔是信徒们尊崇的对象，认为绕塔回行是对佛的无尚恭敬。印度的支提窟平面纵长，前部凿筒拱顶，后部平面半圆，圆心处凿刻支提。中国的中心塔柱式窟保留了绕塔回行的礼仪，但形制已向着民族化的方向发生变化，而且由西向东，变化的趋势越发加强。早期克孜尔石窟前部也是筒拱顶，后部平面为方形，中心为一方墩代表塔，绕墩三面凿通道。敦煌的前部为横长方形，上凿仿中国木结构建筑的双坡顶，后部中心方墩凿成1层或2层的中国佛塔形状，但只是大致模仿。云冈的为方形平面，中心塔忠实模仿木结构楼阁式佛塔，有的可达5层。这个时期的佛寺，出于同样的宗教礼仪概念，也广泛采用中心塔式布局，所以中心塔石窟也是对于此式佛寺的模仿。云冈第6窟于此尤其明显，窟内绕中心塔柱在左、右、前三壁下部都浮雕出圈廊庑，后壁为一佛龛，是佛寺周廊和塔后佛殿的表征。

覆斗式方窟和平顶方窟平面都是方形，3壁或仅正面1壁开龛，前者在莫高窟、麦积山石窟、天龙山石窟等都有，其覆斗顶是对于用于尊贵场所的“斗帐”的模仿；后者主要见于云冈石窟、南北响堂山石窟等。它们的总体是当时不建中心塔的佛寺的表征。

云冈石窟塔柱

毗诃罗窟也源自印度，其典型者是在一较大的方窟左右壁凿一排小龛室供僧人静修，后壁凿佛龛。在中国典型的毗诃罗窟很少，仅见于莫高窟，顶仍为覆斗形。

穹窿式窟平面椭圆，穹窿顶，内雕大佛，是对于僧徒山野静修的草庐的模仿，典型者可见于云冈最早开凿的昙曜五窟。

隋唐的洞窟以莫高窟最多，其典型者是北朝已出现的覆斗窟。大都只在正壁开一龛，隋及初、盛唐为梯型龛，可认为全窟仍是对于整

座佛寺的象征。中唐后改为盝顶形佛帐式龛顶。佛帐一般是放在佛殿内部的，所以可认为全窟只是一座佛殿的象征。覆斗窟中心高起，没有平顶的压抑感，各壁都没有中心柱的遮挡，适应了大型经变画大量出现的要求。唐代莫高窟还有个别的大佛窟和涅槃窟，前者内造高达30米的弥勒佛，大佛窟窟内下大上小，强调了仰视时的透视错觉，窟的上部前面开设明窗，加强了大佛头部的采光。后者平面横长，安置佛涅槃卧像。隋唐时在莫高窟和炳灵寺、天龙山等石窟还有个别的中心塔柱式窟，是这一时期中心塔式寺院仍有建造的反映。中心塔柱式窟在宋代也还极个别地出现过，如大足石窟毗卢道场窟。

五代和北宋的代表窟形是莫高窟广泛凿建的背屏式窟。覆斗顶，四壁不再开龛而在窟内中心靠后凿大佛坛，坛四周为通道，坛后留出直通至顶的背屏石壁，应是佛殿扇面墙的仿造。塑像置于坛上，和人处于同一空间。

2. 石窟寺的窟檐

早期包括北朝的石窟在石质稍好的地方，窟外都凿有许多石质窟檐，如云冈、麦积山、天龙山和南北响堂山等。一般都是前沿敞开，3间4柱，平面横长，凿入岩内，后壁正中开甬道与主室相连。窟檐都模仿木结构建筑，刻出柱、枋、斗拱、檐口、瓦垅和屋脊及鸱尾，是研究建筑史的重要资料，也表明了中国石窟民族化的过程。麦积山上七佛阁窟檐最大，面阔7间，通长达31.5米，列柱高可达9米，上部就岩壁凿出庑殿屋顶形。在石质不宜雕刻的地方，如克孜尔和莫高窟则建造木构窟檐，岩面上留下了许多木构件插入岩壁的孔眼。窟檐是从外部空间进入到窟内佛的空间之间的必要过渡，同时也大大改善了石窟正立面的形象。

莫高窟还保存有5座唐末宋初的木结构窟檐实物，其中4座北宋窟檐仍相当完好。斗拱雄大，出檐深远，通过定量比较研究，可以证明它们都保留有很强的唐代风格。它们都没有角翘，和当时敦煌壁画里的建筑形象一致。在中国唐代木构建筑实例非常罕见的情况下，是研究建筑史的重要资料。

3. 石窟中的壁画和石刻表现的建筑

在石窟中，宗教题材的壁画和浮雕中保存的建筑形象资料非常丰富，时代从十六国晚期下迄于宋和西夏，延续800年之久，建筑类型包括城市、宫殿、宫阙、佛寺、佛塔、住宅、坟墓等许多建筑组群和亭、台、楼、殿、廊、墙以及桥梁等许多单体，还表现了如台基、栏杆、梁、枋、门窗、斗拱、屋顶和脊饰等各种部件、装饰及色彩。它们和窟形、窟檐一起，在许多方面都填补了建筑艺术史研究的空白，尤其对于从魏晋到盛唐之间建筑实例十分稀少的约400年，具有更重要的意义。石窟中的建筑资料以敦煌壁画为最重要，它的延续时代最长，资料最多，类型最丰富。此外，在云冈、麦积山、炳灵寺、龙门、大足和其他一些石窟的壁画或石刻中也都有所表现。

建筑的院落式群体组合方式是中国古代建筑艺术的重要特征。现存建筑只有辽金时代才有一些院落不完整地保存下来，但在敦煌壁画里从隋代开始就已画出了成组群的建筑，唐宋画出了大型院落的壁画数以百计，表现了丰富的组合方式和高度的建筑艺术水平。其中盛唐以前以凹字形平面组合为中心，前有水池，池中建平台的构图方式在日本古代建筑中还有许多实例。大足和四川的其他石窟也有唐宋时期的大型组群石刻浮雕。

敦煌石窟佛像

敦煌石窟从十六国晚期至唐的许多阙形龛和宫阙，明确地反映了从汉代到隋唐以后又延至明清阙的发展过程。敦煌壁画和云冈石刻中有几百座塔，表明了在实例中十分罕见的楼阁

式木塔实际是古代佛塔的主流，反映了印度的窣堵波塔和中国阁楼融合过程中的中间状态，还提供了在北朝时中国已建造过金刚宝座式塔的例证。敦煌壁画里的几百座城垣对古代城形、城墙、城门、城楼、角楼、马面以及里坊制和古代新疆地区的城垣情况提供了丰富的形象资料。敦煌壁画还画出了多座唐宋住宅，其典型者分前后两院，与北京现存的明清四合院住宅相当一致。

建筑部件和装饰、色彩资料也以敦煌壁画最丰富，其中斗拱可达万朵，细致地反映了由北朝至西夏斗拱的发展史。壁画里的建筑绝大多数都没有角翘，结合也没有角翘的窟檐，可以为研究中国建筑重要的形象特征——角翘的形成和发展历史提供直接的材料。

第二章

天山南沿的艺术瑰宝

在新疆天山以南，银山（今天的库木什一带）以西各地，从公元100年后，就开始信仰佛教，直到今天，遗留的石窟主要有：拜城的克孜尔石窟，库车的库木土拉、森木塞姆、克子喀拉罕、麻扎伯哈等石窟，以及焉耆的七格星明屋与石窟。在天山以南，银山以东，吐鲁番、鄯善县一带，也有许多石窟遗迹，主要的有木头沟内的柏孜克里克、沟口上类似石窟的胜金口寺院遗址、鄯善县以西的吐峪沟、交河城旁的雅尔湖石窟等，这些石窟均有着极高的价值。

第一节 银山以西主要石窟

中国石窟主要分布在西北——古代的西域、河西四郡、黄河流域，以及长江流域的上游。而长江中下游地区，则寥寥无几，即使是佛教极为盛行的南朝首都建业，也只有摄山千佛崖一处。另外，还有剡县（新昌）的弥勒大佛像，其他如杭州的石窟群，多是五代或以后雕造的。

北方开凿石窟较多的原因，与当时的社会情况有直接的关系。北方自西晋以来，统治阶级为争权夺利，而加重了对人民的剥削，同时，自汉代后，移入中原北方和西北方的少数民族，也因受到西晋统治阶级的压榨，使民族矛盾日益尖锐化。在阶级矛盾、民族矛盾尖锐对立的情况下，北方十六国的统治集团为了维护自己的统治，麻醉人民，就不能不利用佛教。而受蹂躏、压迫的人民和部分封建地主阶级，为了追求精神上的安慰，也都逐渐信奉佛教。随着佛教的盛行，开窟造像也成为当时的时尚。因而在南北朝时期，石窟在北方开凿之多，是历代所无法比拟的。

克孜尔石窟

克孜尔石窟位于新疆拜城县克孜尔镇东南 7000 米明屋塔格山的悬崖上，南面是木扎特河河谷。它是我国开凿最早、地理位置最西的大型石窟群，大

约开凿于3世纪，在公元8—9世纪逐渐停建，延续时间之长在世界各国也是绝无仅有的。

克孜尔石窟俗称“克孜尔千佛洞”，是中国著名的古代佛教石窟建筑。在维吾尔语中，克孜尔石窟还有一个动人的名字——克孜尔明屋依，意为坐落在克孜尔的千间房子。克孜尔石窟位于新疆拜城县克孜尔乡东南的明屋依达格山南麓，这里有一段长200米、高200米的陡峭山崖，克孜尔石窟就开凿在这里的峭壁幽谷中，层层叠叠，与石窟下湍急东流的渭干河交相辉映，宛若佛国仙境。

佛教于公元初年传入西域，在于阗、龟兹形成两个佛教中心。据文献记载，龟兹佛教盛行时，有佛塔寺庙千处，僧尼万余人。克孜尔石窟是佛教徒为修行而建，后成为龟兹僧俗修行的理想场所。如今，石窟中的佛教塑像、壁画乃至洞窟建筑都成了艺术瑰宝，也为后人探寻东西文化在西域交会的轨迹提供了可靠的历史见证。

克孜尔石窟

克孜尔石窟有大小洞窟251个，现存完整的洞窟有130多个，其中供僧侣巡礼观像和讲经说法的支提窟（即中心柱窟）161个，供僧尼居住并作为禅室的毗诃罗窟61个，还有7个拱形窟和3个龛室。塑像和壁画都在支提窟内，克孜尔石窟的主体塑像多已被毁，但保留下10000多平方米的壁画，包括佛像、佛经故事、动物和山水树木、装饰图案和供养人画。

克孜尔石窟的佛教雕塑艺术品主要是崖壁石雕、浮雕和窟内的彩塑、木雕四大类，但最多的是彩塑。塑造有佛、菩萨、比丘、天王、武士、飞天、神王、魔鬼、夜叉、供养人等众多形象。这些彩塑大部分已被损毁或被盗往国外。从现存的文物来看，塑像形象丰满，栩栩如生，情态各异，雕塑者的技艺可谓精湛。不同时期的塑像反映了克孜尔石窟雕塑艺术从模仿到本土化的过程。早期的佛像雕塑，多是模仿印度式样，特别是印度笈多时代的犍陀罗艺术风格，着重表现人体裸露的健壮美。中期以后，杂糅进龟兹本土的民族、区域审美风格，在原有呈“S”形的三道弯式基础上，又出现了右袒式、冕服式的直立形象，尤其是龟兹人头大、额宽的形象和本地装束等本土化特征都体现其中。晚期的雕塑作品受本土影响颇深，彩绘手法上追求深厚艳丽，和中原同期的彩塑风格十分相似。

走进克孜尔石窟的艺术世界，最让人流连忘返的是那里的壁画。这些壁画向人们讲述着佛本生故事、因缘故事和佛经故事。这些绘制在中心柱窟和方形窟主室侧壁、券顶山状菱格内的画面，以连环画的形式表现佛生前的苦行、成道后的神力、诸方说法教化的圣迹等。绘制的佛经故事虽然主要是宣扬佛教的内容，但画师们在人物形象、动物图像和生活场景上仍然融入了世俗化的内容。且不说城阙门楼、亭阁台榭、山水树木以及逼真可爱的动物形象充满人间的生活气息，就连端庄安详的佛像、婀娜多姿的伎乐飞天、供养天神都以世俗生活为依据。可以说克孜尔石窟壁画给人们展示了龟兹社会的风俗场景：供养人身着双领对襟长服，腰束宽带，足蹬筒靴；武士穿戴盔甲，骑着高头大马；劳动者手持坎土曼。石窟中犍陀罗艺术风格又是古代希腊、罗马文化与印度佛教文化的产物。各种文化在龟兹有机整合，创造了一种新

的文化，从而使龟兹文化具有更旺盛的生命力。

森木塞姆石窟

在新疆库车县克内什村西北距县城30余公里处，有从南北朝时期开始建造的森木塞姆石窟。

森木塞姆石窟大多数是礼拜窟，称为佛堂，通常由前室、主室和礼拜用的行道组成。较大的佛堂则把行道中段扩建成后室。主室正面有佛塑像，后室的佛为涅槃与焚化塑像。佛堂内各壁均有彩色壁画，以描绘释迦牟尼佛为主，题材有前世本生故事、佛传、佛游化说法、佛涅槃，还有礼佛、乐舞供养、供养人像和山林景观图案等，大体都是按小乘派经律绘制的。还有少量讲堂、禅房和僧房。讲堂用于讲经、诵经，由前室和主室组成，壁面和窟顶均有壁画，但没有发现塑像，僧窟和僧房是供僧徒坐禅和居住的，没有壁画和塑像。

森木塞姆石窟的壁画和塑像具有龟兹当地特有的艺术风格，可以明显地看出受到中亚与印度艺术的影响。人物画用土红色线勾画轮廓，其间平涂填色，用晕染法表现明暗与立体。画面人物密集。

森木塞姆石窟壁画

森木塞姆石窟的建造与当时的龟兹国王提倡佛教有关。洞窟分布在一条季节河上游的河谷口内，分布的范围直径约800米，按位置可划分为东、南、西、北、中5个区，是古龟兹东部最大的一处石窟群。石窟的建造大约至隋唐时期停止，11世纪后，石窟逐渐被废弃，并遭到严重破坏。

目前已编号的洞窟有 52 个，绝大部分洞窟的前段已塌毁，保存原有窟体 1/2 以上的有 19 个，洞窟内的塑像没能留存下来，壁画大部分已脱落，小部分被德国人割盗。第 24—35 窟所在的中区，形似半岛，残存塔和寺院遗址，时代可追溯到魏晋时期，下限可到唐代晚期的回鹘时期。

目前能看出窟形的洞窟有 39 个，而保存有壁画的仅 19 个，大部分为支提式窟形，毗诃罗窟极少。石窟始凿于公元 3 世纪，其中大部分壁画属南北朝时期，最晚属回鹘高昌时期，现存第 11 号和第 43 号大像窟以高大著称，而壁画中则以描绘众多动物而闻名。

供养天人在第 32 窟，约为西晋时期，头梳高髻，有头光。体态修长健美，上身半裸，下着裙或束腿裤。画面主要表现了佛涅槃后前来举哀的梵天、帝释和国王。而国王的衣着式样与近年尼雅出土的长袍相似，可见绘画艺术的现实根基。

千佛像在第 48 窟，主室券顶满铺菱形格纹，内填坐佛像。佛袈裟上的褶皱用平行双线勾勒，随身圆转，条条凸起，富有立体感。

库木吐喇石窟

在新疆库车县城西南约 30 公里处的渭干河东岸的山麓或断崖上，现存有与克孜尔石窟同享盛名的库木吐喇石窟。凿建于唐初，经五代，宋初止。

早期洞窟建于公元 5—7 世纪，洞窟形制主要有中心柱窟和方形窟两种。中心柱窟平面为长方形，主室多为纵券形顶，中心柱正壁凿一大龛或四壁各凿一龛。方形窟平面为方形或长方形，窟顶为穹窿形。第 21 窟门道右侧龛中，发现禅定印坐佛一身，像下高座前塑双狮，佛像完好无损，是龟兹地区诸石窟中唯一保存完好的塑像。早期窟中壁画的题材内容，中心柱主室券顶中脊多为日天、月天、金翅鸟、立佛等组成的天相图。券顶侧壁是以菱形山峦为背景的佛本生故事画或因缘故事画。主堂侧壁多画方形构图的因缘佛传，后室画以涅槃为中心的佛传内容。方形窟的穹窿顶分隔成条幅状，画立佛或

立菩萨。侧室多画佛传故事。早期洞窟的形制壁画题材、人物形象和绘画风格，与克孜尔石窟中期洞窟十分接近，具有显著的龟兹特色。

中期洞窟建于公元 8—9 世纪。洞窟形制为中心柱窟和方形窟，方形窟顶也多做纵券形。出现了和中原唐代石窟相似的洞窟，窟内壁画的构图形式、人物形象、线描技法及敷彩特点等，和敦煌石窟唐代同类内容壁画极其相似。榜题都用汉文书写，并且出现了当时中原流行的千手千眼观音等密宗形象。这些都表明中原佛教艺术对龟兹佛教艺术产生过强烈的影响。

千手千眼观音

建于公元 10—11 世纪或稍晚的晚期石窟，虽然仍有若干重要遗存，但此时，库木吐喇石窟的建造已进入衰落期，而回鹘时期开凿的洞窟是重要的新资料。这一时期的洞窟，世俗供养人像，均着回鹘装，榜题有回鹘人题名。第 79 窟中用汉文、回鹘文和龟兹文合璧书写的供养人榜题是前所未有的。

克子喀拉罕石窟

“克子”维语是指“姑娘”，“喀拉罕”是指“留在那里”，意思是“美丽的姑娘，永远留在那里”。窟群在库车新城西北约 12 公里处，出旧城沿去拜城的公路，到桑玛尔巴哈村，入戈壁中，往西北走约 5 公里，在烽火台下公路，转向东北，入山沟约 1 公里，即到克子喀拉罕石窟群。

克子喀拉罕石窟

在维族的传说中，古代有一位国王的女儿，诞生以后，相士为她占相，说她将来必定要被蝎子蜇死。国王为了躲避毒蝎，便在戈壁上造了一所高大的土台，叫他的女儿居住在那里。谁也没有想到，在国王赏赐他女儿苹果时，竟从中爬出来一只毒蝎，蜇死了这位美丽的姑娘。传说，距库车 12 公里路旁的烽火台，就是当年国王女儿居住过的高台。后来，人们为纪念这位美丽可爱的姑娘，就把这高台称作克子喀拉罕了。

这个石窟群，开凿在山沟东西崖上。编号的有 46 个窟。其中窟形完整的有 38 个，有残余壁画的共 11 个。开凿的时间，约在克孜尔、森木塞姆第一

二期以内。废弃的年代，约在第四期回鹘高昌前一阶段内。

库木土拉石窟

“库木”维语是指“沙”，“土拉”是指“烽火台”，合起来是“沙漠中的烽火台”。窟群在库车城西南约30公里处。由库车城西行过河，沿库新（新和）公路朝西南行20公里，再西入戈壁8公里，到渭干河出山口东岸。顺河道东岸西北行5公里，入山口而北100米的半山中，开始凿有摩崖大龛，龛北的东山沟中，有许多石窟，我们定其名为“河坝一区”。一区之北约400米的东北山沟中，又有石窟一群，定名为“河坝二区”。因历史久远，窟多崩塌，加以1985年渭干河水的大泛滥，又冲毁了一部分，现在只保存着十余个窟。

库木土拉石窟顶的壁画

知识链接

龙游石窟的美丽传说

龙游石窟位于浙西龙游县城北三公里衢江和灵山江交汇处的凤凰山麓，面积数百平方米至1000多平方米不等，初步探明的24个石窟，现已开发5个。这一规模宏大、世所罕见的地下石窟群，千百年来一直沉睡于深水之中，成为当地农民洗衣淘米、汲水浇园的“无底水潭”，也曾是附近竹林禅寺的放生池。时至上世纪末叶，当地农民筹资购买了抽水器材，连续抽水17个昼夜，这才“水尽洞出”。

站在石窟中央，面对空旷幽暗的窟穴，作家莫言曾向人们述说了一个浪漫的爱情故事。在远古时代，有一只金毛小耗子经多年修炼，变成了一个美丽的姑娘，许多小伙子爱上了她，为她争斗。姑娘为了平息争斗，就对他们说，我喜欢在地下阴凉的洞里生活，你们谁能挖出一个最美丽、最高大的洞窟，我就嫁给他。于是争斗平息了，许多小伙子开始挖洞，日复一日，年复一年。到了后来，人们已经忘了挖洞的目的，只知道挖洞是为了继承祖先的遗志。于是就出现了这千古奇迹。

沿渭干河东岸行5公里的峭壁上，开有许多石窟，南北约750米，编号的有72个窟。其中第四窟与第五窟相距近300米。第四十窟至第五十二窟，在东西横沟内。第五十三窟至第七十二窟，在窟群的最北部。而第六十八窟至第七十二窟，由于河水的多年冲刷，窟檐甬道悬在半山腰，即水流湍急的河身上面。

库木土拉窟群的72个窟，与克孜尔窟群一样被毁掉了全部的塑像。其中只有31个窟有较完整的壁画。根据窟形、壁画题材与风格，判定最早的窟与

克孜尔第二期石窟开凿的时间大致相同，最后废弃时间，应是回鹘高昌的前一阶段。

在渭干河的东岸，有较完整的石窟，过去因水流急，不能入。后来考古工作者设法进入以前所不能上之窟。窟内穹庐顶，中心画类莲花形，每朵花瓣中画一色彩鲜艳的主佛像或菩萨像。窟中后壁尚有完整的莲花座，座上塑一佛像，有细微涡旋纹发髻，身披袈裟，而无与云冈第六窟类似的佛颈下垂之双带。以佛教造像论，似属北魏太和初年之佛像。这是西域唯一的完整造像及壁画。

库木土拉的石窟群开凿的年代并不算早，似在盛唐以前。库木土拉石窟在龟兹时代是比较繁荣的，72 个窟中，第四窟至第十六窟等十几个窟，应是汉人开凿的。在艺术风格上与中原相接近，直至唐末回鹘高昌时代，所以库木土拉石窟艺术是与中原艺术风格最接近的一个石窟。

焉耆七格星明屋与石窟

七格星，在库尔勒与焉耆之间。从焉耆城西过开都河 17 公里的四十里城子，再行十多公里，经紫泥泉子离公路转向西北，行五六公里，即七格星明屋与石窟。

七格星明屋（维语，指“四间房子”）是两个大寺院的遗址。根据调查与测量，可以分为南大寺、北大寺与石窟三部分。

南大寺、北大寺有大殿、僧房、塔的遗迹。从建筑形式、土坯间杂以苇草来看，可能是由唐到元的建筑遗址。以南大寺前后殿所采集的残佛菩萨造像、残绳纹砖及与在洛阳阿斗城

七格星明屋

发现的相同的硬度极高的砖来推断，开创的时间约在两晋时代。

北大寺西北，山南有 10 个石窟，以窟形、壁画风格、残存造像遗迹看，开创的时间与克孜尔石窟第二期、第三期的时代相接近。

第二节 银山以东主要石窟

胜金口寺院遗址

在火焰山山口的东岸上，今天还能看到的遗址有四处，两处在山口半山腰的悬崖上，两处在山脚下的公路两旁。

半山腰的两处寺院遗址，全部用土坯在石崖上砌出横券或纵券顶的支提窟或毗珂罗窟，还用土坯砌成木建筑式的僧房。根据大殿的窟顶和壁画的风格，和回鹘文的题记，可以推断开创的时间在高昌早中期。

胜金口寺院遗址

山脚下大路旁的寺院遗址，全部用土坯砌成方形平面院落，正中大殿与焉耆七格星南北大寺的大殿形式相同。1959 年修建的公路穿过该遗址，在这里发现过婆罗迷文、回鹘文、汉文的佛经和“开元通宝”钱币等。

吐峪沟石窟

吐峪沟石窟在高昌故城以东约15公里处。由二堡出发，经火焰山南麓，到鄯善县吐峪沟村，沿着吐峪沟入山，上溯约2公里，在沟东岸半山腰上开凿了上下两层的石窟，由于山崖的崩塌，变成了石窟群东南与西北两区。东南区4个窟，西北区21个窟。河西岸半山腰有16个窟，较完整的只有1个。

其开创时间，从富东岸以西北区第二、第三、第四三个窟的壁画风格来看，最早应在晋设高昌郡以前。东南区以第四窟来看，应是晋前凉张骏设高昌郡时代。其他各窟都是在高昌建国时代开凿的。吐峪沟群在高昌地区，是开凿最早的一处。

吐峪沟石窟

吐峪沟石窟洞窟作方形或长方形，有的窟中央凿中心柱，有的左右壁及后壁设耳室，有的窟分前后室。窟顶有券顶、套斗顶、盝顶和穹隆顶等。壁画题材主要是因缘佛传图、立佛、千佛、七佛、禅僧和佛本生故事等。佛装有通肩、双领下垂和偏襟，所绘人物用墨线色轮廓，个别窟内有汉文题记。

开凿较早、保存较好的东南区第四号窟，是一座有前室的中心柱窟。中心柱正面绘立佛和坐佛像。穹隆顶，正中绘

莲花，四周绘立佛和坐佛，再外是4排小坐佛，穹顶四角各绘一天王像。正壁和左右壁，上层用细墨线绘7排千佛，千佛中间各绘一铺一佛、二菩萨。下层各绘一周横幅排列的佛本生故事画，每幅有汉文墨书隶体榜题。壁画的内容有梵志焚身、尸毗王割肉饲鸽和慈力王施血等。后室窟门右侧天王旁，绘三位头戴进贤冠、身着大领宽袍的供养人。

开凿在晚期的西北区第三号窟，平面作长方形，主室后壁凿一耳室，左右壁各凿两耳室，均为纵券顶。壁画现存两层，外层绘方格中树下坐禅僧。禅僧有的坐胡床，坐侧有佛塔、宝珠、水瓶以及琵琶、排箫、箜篌等乐器。左耳室存“僧知空”的汉文题名。

吐峪沟石窟是中国新疆地区的佛教石窟寺，也是吐鲁番地区年代较早的石窟，最晚的建造年代约在回鹘高昌时期。现存有编号洞46个，有上下两层，可分东南与西北两区，但已大部分坍毁。因吐峪沟地区偏僻，很少有人知道，所以保留了早期的高昌壁画，这些壁画显示出中原文化和西域文化的互相影响和相互借鉴的特点。

柏孜克里克石窟

在新疆吐鲁番东约40公里的火焰山南麓，古代高昌故城就建造在那里。从公元4世纪造城到14世纪废弃，至少有1000年的历史，它是西域通往中原的必经之地，是当时吐鲁番地区政治、经济、军事和文化的中心。唐代玄奘西去印度取经时，曾在高昌寺院内住了一个多月。

柏孜克里克石窟，大约创建于南北朝末期，其主要洞窟是公元9世纪以后回鹘高昌时期的遗迹。

洞窟的形制有两种，一种是在断崖立面上开凿石窟，另一种是在与断崖相接的台面上用土坯砌建成窟。石窟的平面以长方形居多，也有方形。北部以中心柱窟为主，中、南部多长方形和方形窟。窟顶主要为纵券顶，亦有穹隆顶和套斗顶。主室前多凿前室，有的数窟共一前室，成为一组洞窟。

柏孜克里克石窟

柏孜克里克石窟内原来配置有塑像和壁画，但现仅存部分壁画。壁画题材十分丰富，有继承早期传统的因缘佛传、焚棺、降魔、初转法轮等内容，也有在各窟普遍绘制的千佛及以立佛为中心的供养像，还有大量的汉文、回鹘文双行并书的榜题。此外有以毗沙门天王及其眷属为中心或以涅槃为中心的壁画，还有以阿弥陀佛或药师佛为中心的净土变画，观无量寿佛经变画，以《法华经》诸品为中心的经变画，以及四天王、四方佛、地狱图、列佛、列菩萨和飞天等。布局以一个题材为中心，同时附以相近题材的壁画。壁画的中心题材多在主尊塑像四周的墙壁上，千佛像大都在窟顶，天王像多在窟内四隅，列佛、列菩萨多在两侧壁和后壁或甬道两侧壁，经变画多在两侧壁及后壁，供养人一般在窟门或说法图两侧。壁画的构图基本一致，如供养图是以立佛为中心，两侧绘诸王、菩萨、弟子、婆罗门、天部等像，佛经故事呈横幅连环画式，经变画是以主图居中而两侧及下缘绘与主图相关的图像，千佛像均以长方格区划为数排坐佛像。人物所着佛装是双领下垂和偏襟。绘制的方法以线描为主，轮廓线多用墨线色画，面部及肢体再加渲染。色调以

柏孜克里克石窟壁画

红色为主，配以浅红色、绿色、蓝色、黑色、黄色等色，画面艳丽。

柏孜克里克石窟现存有编号洞窟 57 个。它的壁画内容和风格具有回鹘佛教艺术的特征，同时又生动地反映出唐代宗教思想和艺术风格的影响。它作为古高昌地区保存较好、内容丰富的一处石窟，不仅代表了回鹘高昌时期的佛教艺术，在新疆佛教艺术中占有独特的位置，而且在佛教艺术东西传播路上，也是相当重要的一环。19 世纪末和 20 世纪初，帝国主义分子先后到此进行盗劫活动，剥取壁画，劫走塑像、文书等遗物，使石窟遭到严重破坏。新中国成立以后，在柏孜克里克石窟设立了文物管理所，并且对石窟进行保护和全面维修。

玛扎伯哈石窟

玛扎伯哈石窟位于库车城东北 30 公里处的沙土原上。从库车城出发，向东沿着库车去乌鲁木齐的公路行约 20 公里，转向正北，再行十多公里，便到达克尔希村。由此转向东北，行约 5 公里，即是玛扎伯哈村。在维吾尔语中，“玛扎”是“坟”，“伯哈”是“园子”，合起来是坟园的意思，原来这个村确实有一个大坟园。玛扎伯哈石窟的名称正是来自这个村名，因为两者的距离十分近，石窟就在村西南不到 500 米处的山坡上。

但是，目前的玛扎伯哈石窟已成为整个龟兹石窟群中最残破的一处。在已编号的 34 个洞窟中，有 3 个已经全部塌毁，另外有 9 个窟因残破太甚，只能看到窟隆，无法辨别窟形。能看到比较完整的洞窟中，尚保存壁画的洞窟只有 5 个。这与玛扎伯哈石窟建造在质地松散的沙土原上有关。即便是幸存的壁画，

也多被水浸，如今难以辨认了。

玛扎伯哈石窟遗址

雅尔湖石窟

雅尔湖在维语中为“雅尔握路”，汉译为“崖沟”，“握路”合音为“湖”，故汉名雅尔湖。石窟在交河故城西南约 1.5 公里处，交河南岸的半山腰共 7 个窟。从第七窟壁画的风格看，接近吐峪沟的早期窟，相当于晋设高昌时代最晚的窟，从壁画题材与供养人的服饰看，约在五代、宋初、回鹘高昌时代。

雅尔湖石窟

第三章

南方国土的奇光异彩

长江中下游和闽江流域，也是中华文明的发祥地。早在三国与两晋时代，这里已经具有了相当深厚的佛教文化根基。中国的大西南，包括四川、广西、云南、西藏，是晚期石窟寺发展的主要基地。

第一节 东南国土的雅士风度

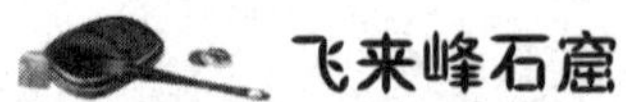

飞来峰石窟

在浙江杭州灵隐寺前的飞来峰东、北两面山脚下，有依自然地势开凿的分布在自然岩洞或岩壁上的石窟和造像。

灵隐寺前的飞来峰石窟

飞来峰石窟是元代藏传佛教（喇嘛教）的石窟。从五代时期起，在杭州西湖南面的烟霞洞、慈云岭，就开始建凿石窟。从宋代开始，造像的中心才转移到飞来峰。

五代造像数量不多，以青林洞内的后周广顺元年（951 年）滕绍宗造弥陀、观音两尊为最早。头部残破，衣纹线条简练，莲花座下部有高束腰的须弥座承托，身后有缘饰火焰纹的背光。

知识链接

云冈石窟流失海外佛像明信片

《云冈石窟系列明信片》于 2011 年由江苏美术出版社结集出版。这套明信片里首次推出了部分已经流失海外的被盗佛像、佛头和佛像肢体的实物照片。

这套总数 80 张的明信片由云冈石窟研究院设计编制，其中的 16 张第一次向世人公开披露了目前流失到国外的部分被盗佛像、佛头和佛像肢体实物图片。记者了解到，云冈石窟雕像被盗主要发生于 1907—1935 年，其中以 1918—1930 年最为猖獗。1929 年 9 月 20 日，当时的国民政府古物保管委员会派员到云冈石窟进行为期 5 天的调查，后对外公布“云冈共失佛头 96 颗”。随之，官方开始派警察驻守云冈并密查偷盗及伤毁佛像事件。

根据调查研究，流失到海外的云冈石窟造像有 300 余件，主要分布在日本、法国、美国等国家。

在大多数明信片的背面，标明了实物的名称、高度、现藏国家及位置、被盗前所属位置及被盗的年代等，并用图片展示了被盗前原状。

青林洞中的“卢舍那佛会”浮雕

北宋时期造像最多，宋真宗咸平年间是飞来峰的第二次造像高峰。宋代造像规模体形较小，分布于青林和玉乳两洞。玉乳洞中的十八罗汉中有中国化的大肚弥勒，这是中国化的弥勒，这尊南宋弥勒像是国内雕凿最好的一尊。青林洞中的“卢舍那佛会”浮雕也比较精美。

元代从太祖开始就信奉佛教，特别是元世祖忽必烈，为了扩大对少数民族地区的政治影响，着重利用西藏佛教，下令使其成为国教。石窟的开凿由江南释教总统杨琏真伽主持，元朝显贵纷纷在此造像。元代造像形体多较大，分布在冷泉溪南岸和各洞口的上方，多为方形和长方形龛，顶部呈拱券或平顶。佛像双重螺髻，形状高尖，上额宽，肩胸阔，腰较细，身上斜披紧身衬衣袒露胸背，或披袈裟袒胸。菩萨着薄纱或裸上身，容相清秀，体态窈窕。莲座有扁平和宽高两种。元代造像中有许多密宗内容，至元二十九年（1292年）的金刚手菩萨像及三面八臂菩萨像，都是这一时期比较优秀的作品。

飞来峰石窟造像是中国南方地区的佛教造像。现有保存完整的造像300余身，其中五代造像11身、宋代造像200余身、元代造像100余身。这些分布在杭州西湖沿岸的石窟造像，不仅为西湖美景添姿增色，而且作为中国东南沿海最大的一处石窟造像群，保留了较多且精美的中国古代石窟艺术处于衰落时期的元代造像，使其在中国艺术史上占有一定的位置。

栖霞山千佛岩龛像

栖霞山位于南京城东北约22公里处，因山势如伞，古人称为“伞山”。六朝时山中盛产草药，可以摄养滋身，故名摄山。今栖霞山中峰西麓有六朝

名寺栖霞寺，寺东南角有隋代舍利塔。千佛岩即以舍利塔迄东为起点，经无量殿向东一直到千佛岭。大小龛像凿崖而上，上下错落。

栖霞山千佛岩龛像

据文献记载和造像形象分析，其主要龛像开凿于南朝，后世屡有续凿，较多的则是明朝续凿和妆銮的小龛像。19 世纪 20 年代，向达先生曾三次调查栖霞山石刻，撰有《摄山佛教石刻小纪》《摄山佛教石刻补纪》。据向先生统计，千佛岩共计大小石窟佛龛 294 个，大小造像 515 尊。其中南朝开凿的主要有两大龛，在千佛岩中规模最大，其次还有一些经后世妆銮的小龛像。两大龛左右毗邻，其中左侧龛规模较大，平面略作横椭圆形，敞口，无前壁，龛顶前部塌毁，现存明代补砌砖顶和重檐砖石门壁，下檐下券门上方嵌“三圣殿”石额，即今无甾殿之所在。龛壁上端尚留梁孔遗迹，可以推知，在明代补砌顶壁前，连接岩面有木构建筑。龛内沿后壁雕出石坛，坛中雕无量寿佛。佛像高约 6 米，面部风化，身着双领下垂袈裟，裙摆下面坛前，施禅定印，结跏趺坐式。坛前方两侧龛壁各雕一胁侍菩萨。立于重瓣莲台上，二胁侍即观世音、大势至，与无量寿佛合称为“西方三圣”。三像屡经后世妆銮，尤其是明嘉靖年间海盗郑晓重装三像规模较大。但是造像的姿态、服饰仍可辨别原有的形制，如无量寿佛下垂的裙摆、菩萨裙饰下部向外撇的形制。皆与北朝开凿的龙门石窟宾阳洞石刻形象相似。根据陈江总《金陵摄山栖霞寺碑》记载，齐明僧绍子仲璋与法度禅师镌造的无量寿佛并二菩萨即是此龛。栖霞寺的创建、雕造的缘起，碑文中有详细的记载。另外《法苑珠林》卷三十六所引《梁京寺记》、唐上元三年（676 年）高宗所立《摄山栖霞寺明征君碑》亦载述颇详。根据上述碑文史料可知：宋泰始中（465—472 年），齐居士明僧绍曾经结茅，隐居于摄山。后来僧绍与法师僧辨“因即岭岩构宇，别起梵居”，创建栖霞寺。僧绍又曾梦见此岩有如来光彩，“时有法度法师于山

舍，讲无量寿经，中夜忽有金光照寺，于其光中如有台馆形象弘宣”，于是发誓要开龛造无量寿佛像，而且作了规划设计。至齐永明二年（484 年），明僧绍去世，其子仲璋“克荷先业，庄严龛像，首于西峰石壁与度禅师镌造无量寿佛，坐身三丈一尺五寸，通座四丈，并二菩萨倚高三丈三寸”。开凿过程中，曾经得到文惠太子、豫章王、竟陵王、始安王的支持。据此，我们可以推知此龛约开凿于永明二年（484 年）以后，建武四年（497 年）之前。

无量寿佛的开凿与当时江南崇拜无量寿有关。从文献记载看，江南无量寿的信奉至迟不晚于公元 4 世纪后半期。东晋太和六年（368 年）支遁撰《阿弥陀佛赞序》，讽诵《阿弥陀经》（《广弘明集》卷十五）。竺法旷“寓屑唤兴……以无量寿为净土之因……有众则讲，独处则诵……时沙门竺道邻造无量寿像，旷乃率其缘起立大殿”（《高僧传・竺法旷传》）。庐山慧远“于精舍无量寿前，建斋立誓，共期西方”（《高僧传・慧远传》）。名士戴逵亦曾雕造无量寿及胁侍。“委心积虑，三年方成，振代迄今，所未曾有”（《法苑珠林》卷十六）。宋、齐以降，无量寿的信奉越来越盛。宋初东来高僧佛陀跋多罗、求那跋陀罗皆重译《无量寿经》，啄良耶舍与僧含所译《无量寿观》也在宋国流通。荆州沙门僧亮于宋元嘉九年（432 年）造无量寿丈八金像，“神表端严，威光伟曜，造像灵异，声传京师”（《法苑珠林》卷十五）。宋孝武帝铸无量寿金像；梁简文帝撰《弥陀佛像铭》；刘孝丁撰《雍州金像寺无量寿佛像碑》，瓦官寺僧洪、祇洹寺惠敬、安乐寺道静亦都造无量寿像。尤其是梁天监八年（509 年）所铸光宅寺丈九无量寿金像，被称为“白葱河以左，金像之最”。其时，在民间无量寿佛信仰亦大为流行，且有不少造无量寿像，愿往生西方净土的记载。因此法度弘宣《无量寿经》和雕造无量寿佛是有深厚的社会基础的。

无量寿佛大龛右侧的龛稍小，平面略作横椭圆形，无前壁，龛内凿出平面呈门形石坛，坛正面雕释迦、多宰并坐像，两侧面各立一菩萨。释迦、多宝皆着通肩袈裟，施禅定印，结跏趺坐于坛下，项光中雕莲花，面部及身光中纹饰均漫漶不清。释迦、多宝是北朝石窟中习见的题材，另外此两像右肩

有明显的弧形饰线（偏衫），这种样式在中原北魏中、晚期造像中极为常见，如龙门宾阳洞、巩县石窟。因此，我们可以断定此龛的年代与无量寿佛龛大体接近。有可能是法度另外雕造的“尊像十有余龛”之一。

除上述两大龛外，附近崖面还有历经妆銮的小龛像，大致可以看出原来形制的有坐佛龛、倚坐佛龛、千佛龛和思维像龛，其中三坐佛和着右袒式袈裟九勺坐佛龛，形制古朴，属于早期雕刻，有可能也是法度禅师所造。

浙江新昌宝相寺龛像

浙江新昌宝相寺龛像，即剡溪石城山遗迹。宝相寺，初名隐岳寺，后名石城寺。此寺位于新昌县西南南明山，依山而建，内有五层木构高阁，连接山崖龛像。据文献记载，梁时大佛凿成后，即修三层佛阁，庇护石佛。后世累有重葺，现存五层高阁是1917年建造的。阁内崖面开一敞口大龛，形制与栖霞口无量寿佛大龛类似。平面略作横椭圆形，露顶，前壁敞开。龛内正面凿佛座，座上雕大型佛像一躯。佛像经后世妆銮，金身贴泥饰金，原状已掩盖。现在佛像长颜广颐，短颈宽肩，身着双领下垂式袈裟，施禅定印，作结跏趺坐式。

据实测，佛座高2.4米，坐像身高13.23米。大像竣工后，刘勰特撰《梁建安王造剡山石城寺石像碑文》，详细记述了寺院的草创和大像雕造的缘起。

石城寺历史悠久，晋世于法兰即于石城草创寺院，县光禅师构作禅室。之后，石城寺渐成名刹。至齐永明四年（486年），僧护游观石城隐岳寺，见寺北青壁高达数十丈，显现如佛焰光之形，于是“发愿造弥勒，敬拟千尺，故坐形十丈”。齐建武中（494—497年），僧护纠集僧俗，开始兴工雕造，只是工程浩大，“疏凿积年，仅成而璞”。不久，僧护病故，工程未就。后来沙门僧傲欲继承遗业，但因财力不济而未成功。梁天监七年（508年）僧佑律师受敕重新经营。“佑为性巧思，能自准心计，及匠人依标，尺寸无爽。故光宅、摄山大像、剡县石佛等，并请佑经治，准画仪则。”（《高僧传》

浙江新昌大佛

卷——《僧佑传》）梁天监十二年（513 年），续凿工程开始。

此前，僧佑曾于天监十年（511 年）参与临川王宏莹饰摄山大像事，有丰富的实践经验，续凿大像，可谓轻车熟路。鉴于“护公所镌，失在浮浅，乃铲入五丈，改造顶髻，事虽仍旧，功实创新，乃岩窟既通，律师重履方精成像躯，妙量尺度”。可见宝千相寺大佛，从总体设计到雕凿营造实出自僧佑之手，整个工程于天监十五年（516 年）告峻。原像的形制我们可以根据刘勰碑所记作出推断：大像原为倚坐弥勒，发作螺髻，右手施无畏印，为弥勒龙华树下成佛，广度众生，共成佛道之像，这与现存重妆之像差别甚大。按北宋成平五年（1002 年）僧辨端所撰《新昌县石城山大佛身量记》记载，大佛为结跏趺坐式，可知改变坐式及原状应在北宋咸平之前，可能是后梁开平中（907—911 年）吴越王钱镠营造佛阁时重修。

僧护、僧佑之所以雕造弥勒大佛，也有其深厚的社会基础。东晋支遁曾

撰《弥勒赞》；京师安乐寺僧受立弥勒精舍，蜀郘龙渊寺惠严造弥勒像（《名僧传抄》），戴逵子戴颐为济阳江夷造弥勒像，据《法苑珠林》，此像旧在会稽龙华寺。此弥勒像即是华林同成佛之像。宋、齐、梁时期，僧尼敬事弥勒的很多，弥勒信仰日盛。法祥立弥勒精舍；龙华寺道矫“造夹苎弥勒佛倚像一躯，高一丈六尺，神仪端严，开发信悟”；昙斌“梦见一人，白银色，相好分明，似足弥勒，举手摩顶”；香积寺道法“每至夕，辄脱衣于弥勒像前，养饴蚊虻，如是多年，后见弥惚放种种光”（《名僧传抄》）。这一时期，象征着弥勒下生的龙华集会风靡京师，用齐曾为此撰《宋明皇帝初造龙华誓愿文》；《出三藏记集》卷十二《法苑杂缘原始集·龙华像会集目》，又著录记载龙华集会盛况的《京师诸邑造弥勒像三会记》《竞陵文宣王龙华会记》。当时，宣扬弥勒成佛的经本在民间广为流传，如摘抄本《弥勒菩萨本愿待时成佛经》、异出本《弥勒下生经》和未见经文的《弥勒受决经》《弥勒作佛时经》等均是民间习诵经本。

除文献记载皇室僧尼造弥勒像外，还有许多传世之作，现存较早的是宋元嘉二十八年（451 年）刘国造弥勒铜像（现藏美国华盛顿弗利尔博物馆），梁普通六年（525 年）公孙伯城夫妇造弥勒倚坐铜像，梁大同四年（538 年）陶迁造弥勒石像。这些都反映出僧佑经营的石城大像，雕成龙华三会的佛像形象不是偶然现象，而是与当时社会上流行弥勒信仰密切相关。

宝相寺弥勒大龛的西北边还有两个左右毗连的大小岩洞，洞壁均满雕千佛，现称为“千佛院”。大洞沿后壁正中雕释迦坐像，该像右侧列千佛六区，左侧列千佛四区，每区纵排十小龛，横列十一小龛。每区正中约占九个小龛的位置雕一大龛，龛内一结跏坐佛两胁侍像，大小龛内坐佛多着通肩袈裟。左右千佛的外侧各雕一护法像，两像头部均残，头后有项光，颈饰桃尖形项圈，双肩帔帛下垂，于腹部交叉后再上绕双肘，下身着裙，裙摆外撇。左侧护法像右手持剑，右侧护法像右手持金刚杵。这种形象与北魏迁洛（494 年）前后的北朝造像类似。因此不难推断，千佛院的雕造年代应在僧护开始经营弥勒大像前，是石城山目前发现最早的雕刻。

地下迷窟——龙游石窟

龙游石窟是我国古代最高水平的地下人工建筑群之一，也是世界地下空间开发利用的一大奇观，它是中华民族博大精深的体现，集人文、艺术、文化、工程技术于一体，因此，1992年，世人传说中的“无底塘”在四个当地的农民的隆隆水泵声中“水落石出”。这些石窟的断代成因和用途更是众说纷纭，成为难以破解的千古之谜，也被当地人称为“世界第九大奇迹”。

龙游石窟位于拥有良渚、河姆渡文化遗址的中国浙江，历史悠久、人文荟萃。在其境内的钱塘江上游、衢江、灵山江交汇处，有个并不起眼的小县城，县名“龙游”。县虽小，但其历史可上溯至春秋时期，当时叫“姑蔑”，迄今为2500余年，堪称浙江省第二大古都。龙游石窟便位于该县城北3公里处的一个临江小山中，当地人称此山为“童坛山”，方圆不过数里，但山腹内竟容藏着24个大小不一、布局精妙的人工洞窟。在被发现前，它们均被水淹土埋，加上洞口岩块崩塌，所以难见真容。当地政府如今已开发出其中的5

龙游石窟

个洞窟供游人参观。这些洞窟的形制、规模大体相当——洞厅面积小则数百平方米，大则逾千平方米；洞高在 20 米至 40 米不等；洞口均呈矩形；洞壁陡峭，洞顶则呈圆弧形斜伸；洞中有 2 个至 5 个粗大石柱撑顶，其横截面均为熨斗状，大者需 5 人合抱；洞顶、洞壁和石柱的表面无一例外地凿刻着细密的斜纹，状若虎斑；从洞口至洞底均有一条宽大石阶，石阶呈波流形；每个洞窟的底部均有一至两个凿挖而成的石池和人工斜坡。

龙游石窟是我国继万里长城、秦始皇兵马俑之后的第三大奇迹。从初步考察较万里长城、秦始皇兵马俑，无论是从成因、规模、工艺还是价值来说，龙游石窟都有过之而无不及。

通天岩的罗汉群

罗汉，也叫阿罗汉，是佛教徒们在修行时所能达到的一种成就与境界，可以永远不再投胎转世而免遭生死轮回之苦。凡是获得了这种成就的人，就可以称为罗汉了。罗汉的等级虽然比佛和菩萨还差得很远，但因为它能够跳出六道轮回，所以也是佛教徒们乐于追求的目标。

按照佛教的观点，已经成为罗汉的人就有很多，其中有十六罗汉、十八罗汉、五百罗汉等。唐代高僧玄奘翻译了一部《大阿罗汉难提密多罗所说法注记》，详细地排列了十六位罗汉的名字。从此以后，佛教徒们对罗汉的信仰就热烈起来了，也特别喜欢利用雕塑和绘画的形式来表现罗汉的形象。我们今天在寺院里能经常见到的十八罗汉像，就是在十六罗汉的基础上又增加了两位。

在通天岩的几处崖面上，分布着大小佛龛共计有 315 所，造像有 359 身。其中有一组分散而系统的罗汉像龛特别引人注目，它们都是在北宋时慈云寺的明鉴和尚的劝说鼓动下，由一些有身份的官吏出资，经冯知古、冯绍父子等工匠雕刻出来的。在龛内的一侧刻着罗汉的名号和明鉴劝缘的题名，另一侧刻的是施主的官职与姓名。第 4、第 5、第 6、第 9、第 10、第 267、第 285

通天岩的罗汉群

号龛，就是其中保存完好的几所。作为造像龛而言，它们的规模都比较大，有的龛高 2 米多，罗汉像的高度在 1.86 米，造型都很生动，不但刻画出了人物的年龄和阅历的差别，而且也表现了罗汉们不同的性格特征和精神风貌。明鉴劝缘的这七尊罗汉像，和玄奘翻译佛经中的十六罗汉第二、第三、第六、第七、第八、第十一、第十三位的名称是相同的，还不够十六罗汉或十八罗汉的数目，也许是其他的龛子保存状况不太好，使我们无法识别了，也许当年明鉴本来就没有全部完成。现实的情况是，在明鉴以后的北宋后期到南宋初年，别的施主们按照以往罗汉规模，继续出资由冯绍补凿了许多尊。如今这些单龛的罗汉像总数，早已超过十八位了。在补刻的罗汉像中，也不乏雕刻艺术中的佳作，如第 1 号龛的老年罗汉像，它的右手执着一把杵，靠在右肩上；左手抚着左膝，右肩向上高耸着，在那饱经风霜的面部透露出对人世间疾苦的哀怜，以及对佛教深奥大法的不懈追求，不愧为一尊罗汉像的上乘之作。

第 129 龛雕的是释迦牟尼的法身像——毗卢遮那佛，和乘象的普贤菩萨、

骑狮的文殊菩萨。在这所大龛的左右两侧，依着悬崖的走势凿刻了很多组横列的罗汉像龛，大部分都是禅定的坐姿，有的可以看出是十八罗汉的组合形式。这很可能是有意设计安排的，众多的罗汉像拱卫在法身佛的周围，组成了一个气势宏伟的崖中罗汉世界。

烟霞洞佛像

通天岩除了罗汉题材以外，还雕刻了很多别的佛教人物，如第 257 龛的水月观音，第 258 龛的观音和善财童子，第 259 龛的地藏菩萨，第 273 龛的觉华如来像，第 274 龛的弥勒佛，等等。

烟霞洞与石屋洞

烟霞洞在杭州西湖龙井寺东翁家山下的一个天然洞里。洞中除西壁刻一帜盛光佛、一佛二僧、一佛二菩萨、一孔雀明王像和一座佛像外，其余两壁刻满了罗汉像。但西壁内第一身布袋和尚像与北端第二身地藏菩萨像是后代补刻的。因此，实际上洞内西壁的罗汉像只有十六身。其开创时间，应在五代。洞口外西壁的五重塔，和东西塔二菩萨是五代吴越王时所造。最外面的一僧一居士像，又是宋代所雕造。

石屋洞在杭州西湖大仁禅寺后面，为一马蹄形西南向的大窟。满壁雕出密密麻麻的小龛，每个龛内雕造着一身或两身罗汉像，龛下有五代“开运”“显德”等题记。这些罗汉像，是功德主随意施造的，并不是有计划的刻凿。正中一佛、二僧、二菩萨、二天王的雕像，是西湖一带石窟群中雕造得最美丽的。

徐州云龙山石窟

云龙山石窟位于徐州城南不到2公里处。云龙山东岩凿有大石佛，又名石佛山。文献记载，唐末昭宗“景福元年朱友裕（朱温长子）总大军伐徐时，朱瑾领兖、郓之众，为徐戎外援，陈于彭门南石佛山下。友裕纵兵击之，斩获甚众”。朱梁的葛从周于“景福二年二月与诸将大破徐兖之兵于石佛山”。《太平寰宇记》卷十五也有记载，彭城县有“石佛井，在县南五里石佛山顶”。传说是北魏太武帝（拓跋焘）正平元年（451年）南侵时在彭城开凿的。现在大佛的两侧仍保存有72个佛龛。其中有：魏孝文帝（拓跋宏）太和十年（486年）七月，唐玄宗（李隆基）开元二十二年（743年）五月，肃宗（李亨）乾元三年（760年）四月，宪宗（李纯）十三年（818年），宋徽宗（赵佶）政和七年（1117年）等时代的造像题记。由此可知开窟年代起于北魏，终于北宋，一直到明清两代还续造有石佛殿。

石佛山

第二节
西南寺宇的异彩纷呈

公元756年，掌握着重兵的安禄山和史思明发动了军事叛乱，在很短的时间里，接连攻占了东都洛阳和西京长安，迫使唐玄宗李隆基带领宫人、百官们进入四川盆地避难。从此，唐王朝的中央实力逐渐衰落，地方割据政权日益壮大。唐僖宗李儇执政时期（874—888年），曾经又一次前往蜀地躲避战乱。在那动荡不安的年代里，四川盆地作为唐朝皇室的大后方，又是安宁富足的天府之国，吸引着众多的文人墨客和画家高僧，创造出了灿烂多姿的文化艺术，也带来了四川石窟艺术的繁荣。云南的剑川和西藏喇嘛教的石窟艺术，也给西南地区的佛教文化注入了新鲜血液。以四川盆地为代表的西南佛教石窟寺，是中国晚期佛教艺术发展的总后方，这个说法应该说是恰如其分的。

皇泽寺石窟

四川北部的广元和巴中一带，是古代中原北方通往四川的秦蜀走廊重要地段，大约从北魏晚期开始，佛教的僧侣们就注意到了这个南来北往的行人所必须经过的地区。于是，中国西南最早的石窟寺艺术，就首先在这里发展起来。

皇泽寺石窟，坐落在广元市以西1公里的嘉陵江上游西岸，与东岸的千佛崖石窟隔江遥遥相望。这里现存有50所窟龛1200多躯造像。在皇泽寺第13窟里，有一块唐代的石碑，上面刻着公元628年，也就是唐太宗李世民执政的第二年，武则天的父亲、身为利州（今四川广元）都督的武士䕫，携带妻子杨氏在这里雕刻了佛教造像，那时，武则天年仅4岁。也许武则天——这位后来的女皇，就是在这里与佛教结下了不解之缘，30多年以后，又用她的非凡号召力把中国佛教推向了历史上的最高峰。皇泽寺石窟的大部分造像，也都是在唐代制作出来的。俗称“五佛窟”的第51窟，和俗称“大佛洞”的第28窟，是这些唐代艺术中的代表作。这两所洞窟都是敞口的马蹄形平面，在窟室后面的低坛上雕刻着一佛、二弟子、二菩萨五尊立像，大像的身后是天龙八部浮雕像。天龙八部，是佛教里的八部护法神，它包括天、龙、夜叉、乾达婆（香音神）、阿修罗、迦楼罗（金翅鸟）、紧那罗（歌神）、摩睺罗迦（大蟒神）等，其中最能显示神灵的是天众和龙众。按照许多佛经的说法，释迦牟尼在向众生们讲经说法的时候，天龙八部都会闻讯前来，守卫在佛祖的左右，保护着佛祖，使大法会得以顺利进行。同时，乾达婆和紧那罗还能为法会助兴，用自己超凡的技艺和美妙的歌喉，演奏出佛教天堂里的音乐，他们也就是大家所熟悉的飞天和伎乐神，而飞天只是中国人所起的形象化的名称。五佛窟和大佛洞，就是按照佛经里的安排设计的，艺术家们把次要的护法神们雕刻在主像的后面，既突出体现了释迦佛祖的伟大，也表现了一个较完整的法会场面。

皇泽寺的第45窟也是远近知名的，因为它是四川地区极其罕见的一所中心塔柱窟。它的窟室平面是方形的，中心的部位立着一座细高的中心塔柱，直通窟顶。这座方形的塔柱可以分成两层，在每一层的上部都刻着与巩县石窟寺类似的帷帐装饰，下部是护围栏杆。在每层的四面分别开着一所不深的佛龛，里面刻着一身坐佛和两身胁侍立菩萨像。这些人物的造型都是修长消瘦的，佛所穿着的大衣很宽大，下面的衣摆还分成八字形披覆在宝座前面。广元地区曾经出土过一尊北魏宣武帝延昌三年（514年）刻成的释迦牟尼佛

像，和第45窟中心柱上的佛像风格是基本相同的，这就帮助我们确定了这所中心柱窟应该是北魏佛教界的艺术家们制作完成的，这也就解释为什么其中会包含来自中原地区的某些因素了。

皇泽寺石窟

中国古代的历史文献告诉我们：公元504年，镇守汉中地区的梁国将领夏侯道迁投降了北魏，从此，通往四川盆地的门户就完全敞开了。第二年，北魏的统军王足带兵接连战败梁国的军队，进入了剑阁。到了11月间，北魏的军队又攻陷了竹亭、新城、涪城、益州（今四川成都市），占领了广大的川北地区。广元在公元505年以后，就属于北魏国的地盘了，那么，北魏的中原石窟艺术风格传播到这里，也就是完全可行之事了。

千佛崖石窟

位于广元市以北5公里、西临嘉陵江的千佛崖石窟，共有54所洞窟，819所佛龛，大小造像7000余身，其中的第7窟和第21窟，也是很难得的北朝石窟。第7窟的平面略呈马蹄形，它的正壁雕着一尊高4米多的立佛像，很具有龙门石窟莲花洞中立佛像的风姿；在左右两侧壁前雕的是胁侍立菩萨像，穿着打扮也完全是北魏晚期龙门石窟中所常见的。看来，这也是一所北魏占领川北以后雕造出来的洞窟。第21窟的平面是方形的，在正、左、右三壁间都开凿了一所大佛龛，很像中原一带北朝晚期所流行的三壁三龛式洞窟构造，佛龛内部的佛和菩萨雕像，也都是北朝晚期的艺术风格。这些四川北

部地区的北朝洞窟，使我们看到了渊源于南方的艺术形式，又从中原地带反馈回来的特定时代的宗教精神风貌。

广元千佛崖石窟的主要特色，在于它是初盛唐时期所独创的一种佛坛式洞窟。这种佛坛窟一般是在窟室的中心凿出一座佛坛，然后在坛上雕出一组主要的佛教人物形象，雕像的身后一般还雕着双树形的大背屏，直通窟顶，信徒们环绕着这个佛坛可以作右旋式的礼拜。它们的功能很像中心塔柱窟，但正面直观的结构又像隋唐时代的佛殿窟。其实，它们正是结合了这两类石窟的特点，又直接模仿了地面上的木构寺院中的殿堂形式制作出来的。只要我们稍微留意就会发现，寺院殿堂里那些砌筑在中央的长方形佛坛和坛上佛像身后的扇面墙，不正是千佛崖佛坛窟的直接参考对象吗？而广元佛坛窟在制作时还是灵活多样的，例如，菩提瑞像窟（第 33 窟）佛坛上的主尊是密教徒崇拜的法身佛大日如来，它的身边有二弟子、二菩萨、二力士像。主佛身后的背屏很像一个坐椅的靠背，背屏的左右两侧还以镂雕的形式立着两棵菩提树，树间还刻着一些天界中的人物形象。

广元千佛崖石窟

被编为第 30 号的弥勒窟也属于这种类型。牟尼阁窟（第 5 窟）佛坛上的坐佛和二弟子二菩萨像基本是一字形排开的，并没有特意制作背屏，而这些人物高大的身体已经承担了大部分背屏的作用，然后再在它们的头光两侧镂刻出菩提树干连通着窟顶，在树干间还浮雕着人形化的天龙八部护法像。睡佛窟

（第4窟）的设计则考虑到了雕刻所表现的故事情节：在一对通顶镂雕出的娑罗树下，安置着一座长方形的佛坛，坛上刻着释迦牟尼的涅槃像，睡佛的正面坛前，还浮雕着一组正在举哀的弟子们，信徒们可以从四面瞻仰佛祖涅槃时的场景，等等。

广元的佛坛窟虽然曾给信徒们带来了新鲜的感觉，但沿着这个轨道走下去，石窟寺艺术就会逐渐偏离本身所具有的特殊魅力，而融汇到寺院的洪流中去。到了明代，有的石窟寺构造已经同寺院殿堂没有什么差别了，那么石窟寺也就再也没有开凿的必要了。

大足石窟

大足位于重庆境内，地处东经105°42″，北纬29°43″。东邻铜梁，西连安

大足石窟

岳，北与潼南接壤，南同永川、荣昌毗邻。驰名中外的大足石窟，就开凿在这里。

大足石窟是大足县境内所有石窟的总称。石窟为唐、五代、宋时开凿，分布在该县西南、西北和东北山区。据最新统计，现有大小石窟区近百处，造像5万余躯。除规模较小者外，迄今被陆续批准为各级文物保护单位的就达73处。其中，有全国重点文物保护单位2处，省级文物保护单位3处，市级文物保护单位1处，县级文物保护单位67处。以下就主要石窟区进行简单介绍。

1. 北山石窟

北山石窟以佛湾为中心，计有营盘坡、观音坡、北塔寺、佛耳岩等5处，雕像近万尊。

佛湾位于北山之巅，长达里许，形若新月，龛窟如蜂房，分为南北两区。据大足文物保管所现行编号，通计290号。其中有石窟造像264龛窟，阴刻线图1幅，碑碣6通，题记和造像记百余则，经幢8座。除部分碑刻、塔幢和浅小龛窟残毁外，其余均保存完好。

北山石窟以其造像精美，雕刻细腻，艺精技绝而著称于世。它集晚唐、五代、两宋作品于一处，展示了晚唐以后各个时期石窟艺术的不同风貌。1961年列为全国重点文物保护单位。

2. 宝顶石窟

关于宝顶石窟的开凿年代，主要有以下三种说法。

（1）创建于唐柳本尊。明曹学佺《蜀中广记》：“宝顶山，唐柳本尊学吴道子笔意，环岩数里，凿浮屠像，奇谲幽怪，古今所未有也。”明隆庆五年（1571年）住持朝悟《敕赐圣寿传灯记碑》：“考其开创于唐宣宗大中九年。”

（2）唐、宋间柳本尊、赵智凤开凿。明成化十年（1474年）《恩荣圣寿

寺记碑》：“唐宋年间，乃毗卢化身柳赵二本尊开建古迹道场。”明弘治十七年（1504 年）《恩荣圣寿寺碑》：“宝顶有寺曰圣寿，相传为毗卢化托炼形之所也……自唐大中及今几百年而丛林愈盛。”

（3）创建于宋赵智凤。明洪熙元年（1425 年）刘畋人《重修宝顶山圣寿院碑记》：“传自宋高宗绍兴二十九年（1159 年）七月十有四日，有曰赵智凤者，始生于米粮里沙溪，年甫五岁，靡尚华饰，以所居近旧有古佛岩，遂落发剪爪为僧。年十六，西往弥牟，云游三昼，既还，命工首建圣寿本尊殿，因名其山曰宝顶。发弘誓愿，普施法水，捍灾御患，德洽远近，莫不皈依。凡山之前岩后洞，琢诸佛像，建无量功德。”据研究，第三种说法与造像中的人物服饰、器物、碑碣和建筑式样、以及艺术风格等更为吻合，故宋代凿造之说更为可信。

宝顶石窟以大、小佛湾为中心，周围 5 里之内还有倒塔、龙头山、殊始山、黄桷坡、高观音、广大山、松林坡、佛祖岩、岩湾、龙潭、对面佛等造像。其主体是大佛湾。

大佛湾为一马蹄形山谷，谷口朝西，形似小盆。岩面长约 500 米，高 15 米至 30 米。造像刻于东、南、北三面陡峭如削的悬崖上。计有造像 31 龛窟，碑刻 7 座，题记 17 则，舍利宝塔 2 座。

三清窟

从造像题材内容和艺术形式等总体布局推测，宝顶石窟是一座完备而有特色的佛教密宗道场。估计小佛湾是密宗信徒专修用的内道场，大佛湾是善男善女禳灾祈福，显密双修的俗讲道场，即外道场。道场内外为前后结界像和四方结界像，由此构成了一个宏伟的曼陀罗。

宝顶石窟规模宏大，内容丰富，保

存完好，具备晚期石窟艺术的诸多特征，有很高的欣赏价值。1961 年被公布为全国重点文物保护单位。

3. 南山石窟

南山，古名广华山，位于大足县城南 2 公里处，与北山遥相对应。山上绿树成荫，金橘飘香，素有“南山翠屏”之称，为大足十景之一。清人程大樽在《重修南禅寺大悲阁碑记》中写道：“其地峰峦秀立，环列如屏，石谷幽深，林木葱蔚。”又说：“若夫春来玩赏，锦日烘云；秋到寻游，蓼风舞叶，又或晓雾半收，万山露顶；飞泉喷薄，涛冽堪娱。于期时也，凭栏纵眺，叉手成吟，此身恍坐蓬莱中矣。”可见南山风景十分优美。

南山石窟始凿于南宋，造像均为道教题材。主要有“三清窟”“圣母龛”“真武洞”“龙洞”等五龛窟，计像 500 余身。

南山石窟中碑碣题记较多，共有十通。其中，《清张澍重游南山诗》《清王德嘉登南山寺诗》《左朝请大夫知剑州军州事张宗彦诗》《左朝请大夫知昌州事何格非倡和诗》《宋吕元锡游南山诗》《何光震饯郡守王梦应记碑》等，都具有较高的书法、历史价值。1956 年，南山石窟被公布为四川省文物保护单位。

4. 石门山石窟

石门山位于大足县城东 20 公里处的石马新胜村。造像分布于圣府洞和陈家岩两处，主要集中在圣府洞。圣府洞开凿于宋，有佛教和道教题材的造像 12 龛窟，计 300 余尊。另有碑碣一通，造像记数十则。造像雕琢精美，残毁甚少。主要内容有“三皇窟”“西方三圣与十圣观音”“佛母大孔雀明王经变相”“玉皇大帝”等。1980 年，列为四川省文物保护单位。

5. 石篆山石窟

位于大足县城西南 23 公里处的石桌乡佛会村。石窟造像开始于北宋元丰

五年（1082 年），后历代略有增补。共编九号，为儒、释、道造像区。其主要龛窟有“诃利帝母龛”“志公大士像”“三身佛龛”“孔子与十哲像龛”“老君像”“地藏与十大冥王龛”等。1956 年被公布为省级文物保护单位。

6. 妙高山石窟

位于大足县城西南 36 公里处的季家乡东风水库旁。石窟造像开凿于南宋，共有 8 龛窟，除第 2 号窟是释、道、儒“三教合一”造像外，其余均为佛教题材。主要有“十六罗汉窟”“水月观音窟”“释迦观音合龛”“西方三圣与十圣观音窟”等。1963 年，列为大足县文物保护单位。

7. 舒成岩石窟

亦称半边庙，位于大足县城北 10 公里处的转洞乡大屋村。石窟造像凿于南宋绍兴年间，共有 5 龛窟，均属道教雕刻。有淑明皇后、三清、东岳、紫微等造像，1963 年列为大足县文物保护单位。

8. 尖山子石窟

尖山子，位于大足县城西南 20 公里的宝山乡建角村。石窟居于山顶。造像崖面高 8 米、宽 10 米。共编 10 号，除第 10 号是题刻镌记外，其余 9 号均为龛窟造像。计像 85 身，高者不过 60 厘米，多头残身漶。主要题材有“释迦说法图”“阿弥陀佛说法图”“弥勒说法图”等。在第 7 号龛左框外有竖刻造像记一则，文多漶灭，唯末行存“永徽（漶）八月十一日”7 个字可辨识。第 10 号龛镌记残存“乾封元年八月廿日”8 个字。据此知尖山子石窟始凿于初唐。

尖山子石窟是 1987 年 10 月在大足文物普查中发现的。它的发现，不仅把大足石窟的上限年代提前了 240 年左右，而且突破了川东南石窟的纪年造像史，对考证唐昌州治静南县遗址及大足建县前的历史有重要意义。1988 年被列为大足县文物保护单位。

大足石窟艺术，在中国石窟艺术史上，占有重要的历史地位，为我们研究古代文化、艺术、哲学、宗教、历史等都提供了极其宝贵而又丰富的史料，起着补史之遗、正史之误的重要作用。

乐山大佛

我国佛教题材的石雕造像，除了石窟以外，单体石雕也有很突出的成就，乐山大佛可作为其代表。

乐山大佛，刻于四川省乐山市南岷江东岸凌云山西壁，岷江、青衣江、

乐山大佛

大渡河三江汇合处。大佛是利用凌云山栖鸾峰断崖开凿成的一尊弥勒坐佛，所以，又称为凌云大佛。大佛始凿于唐玄宗开元元年（713 年），完成于唐德宗贞元十九年（803 年），历时近 90 年。佛像顶上覆盖有 13 层重楼，名曰“大像阁”，宋改名为“天宁阁”，明朝末年毁坏。大佛头部与山顶齐，脚踏大江，从头顶到脚底的高度为 58. 85 米。其中头高 14. 7 米，脸宽 7. 8 米，鼻长 3. 5 米，耳长 7 米，眼长 3. 3 米，肩宽 24 米。仅头上的发髻就有 1200 多个。耳朵中间可并立两人，头顶上可放一张圆桌，脚面上可围坐百余人。乐山大佛比阿富汗境内兴都库什山南侧的巴比羊石窟中最高的一尊 53 米高的大佛还高 5 米多，可称为世界上最大、最高的石刻佛像。在像的右侧，凿有九曲栈道，从凌云山顶可由此迂回下到江边佛足之下。所以，一般人总爱说“山是一座佛，佛是一座山”，由此不难看出乐山大佛的雍容大度、气魄雄伟。

巴中南龛石窟

四川省东部安岳卢毗洞

巴中县境内的摩崖造像

位于群山环抱之中的四川省巴中县，也是川北石窟寺分布密集的地区。在县城的四面屏障似的悬崖峭壁间，坐落着四处石窟群，被人们称作东、西、北、南四龛石窟。其中的南龛石窟是保存状况最好、内容最为丰富的一处。

巴中南龛石窟，位于县城以南 1 公里的南龛山南面。在垂直平整的山崖表面，鳞次栉比、玲珑剔透般地雕凿了 130 所华丽的佛龛，供奉着 2000 多身佛教人物雕像，还有 12 座石刻经幢和佛塔。这些崖中的佛龛，大部分是属于初、盛唐时期的作品。它们的装饰也很有特点，有很多都刻成了华美的床帐样子，佛和身边的弟子菩萨和天龙八部护法神们都仿佛是置身于这一个个宝帐之中，面向着人世间的众生。只有两身赤膊袒胸、蹙眉怒目、气势逼人的

金刚力士站立在宝帐外面的左右两侧，守卫着那块庄严神圣的领地。这一所所佛龛前后左右密集地排列在一起，就好像是层出不穷的琼楼玉宇，充满灵气的仙宫宝殿，置身于这处崖壁前的佛家弟子，在内心深处将会激起对佛国清净乐土的向往，从而面对那些崖间宫阙中的佛祖，由衷地发出自己的祈祷与祝愿。

安岳县境的石窟造像

四川省东部安岳县计有千佛寨、圆觉洞、华严洞、卢毗洞、孔雀镇、三堆寺、大千佛寺、黄桷铺、佛耳岩、快乐宫、大佛寺、三仙洞、老君洞、观音岩、城中乡等15处造像。其中以千佛寨造像龛为最多。三堆寺的唐咸通年间（860—873年）、光化年间（898—900年）的“西方净土变”最为复杂，而毗卢洞《柳本尊十劫修行图》，比宝顶圣寿寺的雕刻还要严肃一些。其开创年代，约在盛唐，以后一直到宋元仍有雕造。

第四章

西北地域的群芳之冠

地处丝绸之路重镇的凉州，自古以来就是佛教圣地，在历史上有“凉州佛国”的美誉，此处是石窟艺术的精髓所在之处，敦煌、麦积山等孕育着丰厚独特的古文化的素养；须弥山、延安石窟等佛教的石窟寺，也犹如镶嵌在这里的一串璀璨的明珠，更是被人们所津津乐道。

第一节 凉州佛国的石窟精髓

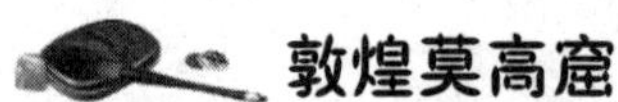

敦煌莫高窟

敦煌，曾经是丝绸之路的重镇和中西文化的荟萃之地，今天的敦煌，这个蜚声中外的西北小镇，究竟以何种魅力吸引着世人的眼光呢？

“敦煌”一名首先见于《史记·大宛列传》，至于敦煌所包含的意义，历来众说纷纭，解释不一。唐人李吉甫在《元和郡县志》中如此解释：“敦，大也，以其开广西域，故以盛名。”以“盛大辉煌”之意，来为这块边陲绿洲命名，在很大程度上，也可反映出敦煌在当时中西经济、文化交流过程中的重要地位和价值。人类几千年的文明发展，曾经辉煌一时的古埃及、巴比伦、印度和中国四大文明，唯有中国文明得以延续至今。而其中三大文明的交流、融汇之地，就在敦煌。汉武帝开拓中原与西域的交通道路，也孕育和发展了灿烂辉煌的敦煌佛教文化，为莫高窟的创建和兴盛，打下了坚实的社会基础。

莫高窟，又名千佛洞，它位于今天敦煌市东南25公里处的鸣沙山下，鸣沙山与其东面的三危山遥遥相对，两山之间为广阔平坦的戈壁沙滩，涓涓的宕泉河水，缓缓地自南向北蜿蜒流去，渗入戈壁沙漠之中，石窟就开凿在宕泉河西岸鸣沙山下的崖壁之上。沿河两岸绿树成荫，杨柳依依，与山崖上鳞次栉比的窟龛相映成趣：崖上黄沙茫茫，崖下绿意盎然，二者浑然一体。依

窟而起的 9 层楼檐上的阵阵风铃声，引领着我们走进这个梦幻般的神奇世界，走进神圣庄严又令人流连忘返的艺术殿堂。在莫高窟前的迎风伫立，让人们领悟了千年造化的伟大。

敦煌莫高窟

印度传统的石窟造像以石雕为主，而莫高窟因为岩质松散，不适雕刻，故造像以泥塑、壁画为主。据文献记载，莫高窟到唐时有窟龛千余个，现在南区存石窟 492 个，后来对莫高窟北区的石窟进行了清理挖掘，也有不少洞窟得以重见天日（但北区洞窟多为僧人修禅与工匠居住的洞窟，艺术价值不大），若将南、北二区连在一起，目前共有洞窟 800 余个，由此可见唐人的记载是大致无误的。由于莫高窟地理位置的优越与气候的干燥，留存于各代洞窟中的壁画与造像，虽经千百年的自然侵袭，不少仍色彩艳丽，视之如新。这座有着 1600 余年历史的佛教艺术宝库至今仍完整地保存有 2400 多尊雕塑，壁画 45000 多平方米，彩塑 2400 多身，还有唐宋木构建筑 5 座。洞窟塑像一般为圆塑，而后逐渐淡化为高塑、影塑、壁塑，最后则以壁画为背景，把塑、画两种艺术融为一体，莫高窟艺术的特点就表现在将建筑、塑像和壁画三者的有机结合上。

敦煌石窟不仅是当时的佛教圣地，而且作为一种佛教艺术，洞窟集建筑、彩塑、壁画为一体，金碧辉煌，显示了我国古代工匠们的聪明才智。

建于北魏时期的第 259 窟彩塑佛像，高近 1 米。佛陀着大领通肩式袈裟，高肉髻，两耳垂肩，眉如弯月，眼微微低视，嘴角轻轻上挑，发出会心的微笑，显得十分亲切。虽然受印度笈多式佛像的影响较多，但在人物形象、神态、气质上却与印度、西域造像迥然不同，充满了含蓄、恬静的内在之美，

敦煌莫高窟的壁画

有着更为感人的艺术魅力。

敦煌的壁画是在洞窟的四壁和顶部，采用一定的制作方法绘制而成的。壁画比雕塑简单易行，利于普及，而且更适于表现复杂细腻的带有情节性的内容。壁画丰富的色彩还造成了窟内强烈的装饰效果。敦煌莫高窟壁画的内容，大体分为两类，第一类描绘的是佛，就是释迦牟尼生前或者成佛以后的故事。描写释迦牟尼成佛以前故事的，叫做“佛本生”，描写释迦牟尼成佛以后故事的则叫做“佛传”。在佛传和佛本生故事的壁画中，多以生动形象的连环画形式，讲述着佛国世界里一个个神奇、美丽、动人的传说。如莫高窟第257窟中的“鹿王本生”的故事，就是讲述释迦牟尼以实际行动教育坏人弃恶从善。这一北魏时期壁画的代表作，对构图、人物造型和故事情节的表现都已达到完美的程度。

第二类是图案。莫高窟绘满壁画的石窟，也是一个五颜六色，光彩照人的图案世界。窟顶、龛座、造像的服饰，都绘有各式各样的图案。北魏时期，

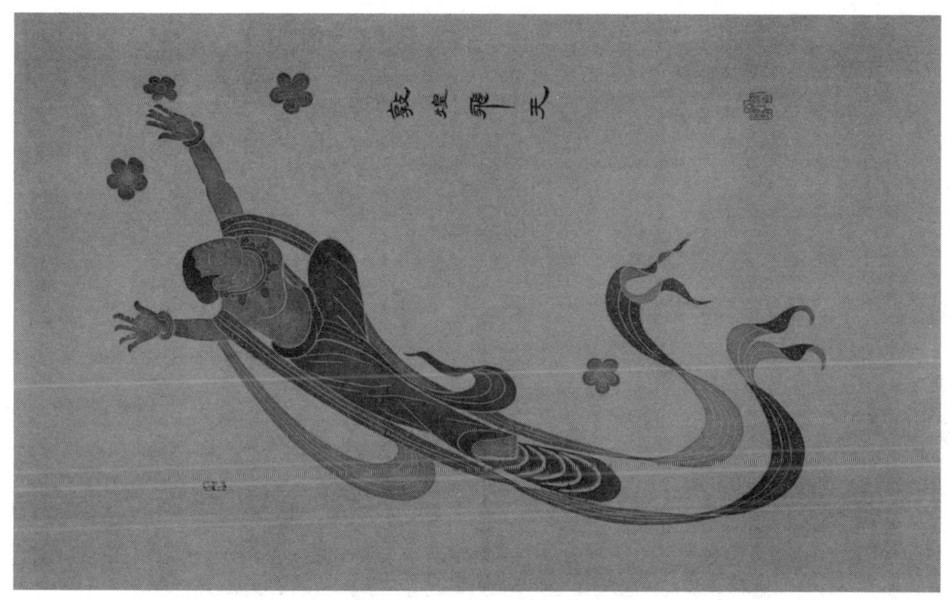

敦煌壁画——飞天

多以卷叶、方纹、水纹、鸟兽、飞天、孔雀、快乐鸟、宝相花、莲花等珍奇花鸟、神等组成。隋唐时期，图案逐渐繁密复杂，在题材上，也增加了不少新的内容。

佛教中的“飞天”，是印度的一个小神灵，叫乾闼婆，是印度神话中的音乐神，因为他全身都有香气，所以又叫他“香神”。他有一个妻子，叫紧那罗，也是佛教中的音乐之神，她能歌善舞，叫作“天乐神”。夫妻二人都是释迦牟尼的护法神，常常跟随着释迦牟尼。因为他们都是以在天空中飞行的形象保护着释迦牟尼，所以就把他们称为“飞天”。这是中国人给他们起的名字。

中国的飞天，作为佛教装饰艺术，遍布于各个石窟中。壁画中的飞天，一般都画在窟的顶部，而莫高窟的窟顶和四壁都画有飞天，整个石窟成了飞天的世界。

印度的飞天，没有翅膀，也没有飘带。到了中亚地区，飞天长了翅膀，开始翩翩起舞。飞天传到中国后虽然没有翅膀，但有长长的飘带，从而形成一种飘动的感觉，并且让飞天的身体凌风而行，并在飞天的下面衬托天空中

的云彩，使它飞得更快、更高、更远、更轻松、更自由。

飞天刚从印度和中亚地区传入时，有男有女，到了隋唐时期，飞天的人数明显增多，而且全部都成了女性。飞天的手中，都拿有乐器，如琵琶、五弦、阮咸、箜篌、拍板、鼓、铜钹、箫、笛子，也有翩翩起舞的。

敦煌的飞天是古代艺术匠师们创造出来的现实与幻想相结合的生动造型。它与中国的石窟艺术一样，杰出的成就就在于它们是基于民族绘画“六法”而创造发展起来的。

知识链接

敦煌被盗石窟壁画《药师菩萨像》被神秘归还

2011年7月24日，敦煌现代石窟艺术中心曾发布通告，称敦煌现代石窟壁画《药师菩萨像》被整体揭盗。消息一出，举国哗然。但就在警方侦查的过程中，失盗的《药师菩萨像》壁画竟然于8月17日神秘出现在该中心管理人员居住的院落内。目前，警方仍在调查此案。

据悉，《药师菩萨像》图源自1907年法国人伯希和盗走的敦煌藏经洞唐代绢画，由李承仙先生复原放大绘制，壁画高210厘米、宽80厘米。这既是敦煌现代石窟的第一幅壁画，也是李承仙生前留给敦煌的最后遗作。2011年7月23日上午，一位来自南京的客人来到敦煌现代石窟艺术中心参观时，发现这幅画已经不见了。7月24日，敦煌现代石窟艺术中心发布通告，称《药师菩萨像》被整体揭盗。案发后，敦煌市委、市政府高度重视，敦煌市委书记兼市长孙玉龙立即指示公安机关立案侦查。但就在警方侦查的过程中，8月17日上午，被盗的《药师菩萨像》神秘出现在该中心管理人员居住的房屋院内。据了解，当日上午，敦煌现代石窟艺术中心的管理

人员起床后，发现了被丢弃在院内的《药师菩萨像》壁画。管理人员确认是失窃的《药师菩萨像》壁画后，立即向当地公安机关报警。随即，警方对现场进行了勘查，但为什么壁画会出现在管理人员居住的院子内，壁画丢进院子的具体时间等仍未确定。

敦煌现代石窟开凿于1996年，是根据敦煌研究院创始人、“敦煌守护神”常书鸿先生的遗愿，由敦煌学者李承仙和常嘉煌母子自筹资金开凿的。敦煌现代石窟艺术中心目前有5个石窟，其中1号海外遗宝窟已经完成洞窟墙面处理和壁画制作；3号窟于2001年9月4日举行开窟仪式后正在创作，2号、4号、5号窟已经完成墙面处理。目前，敦煌现代石窟艺术中心由常书鸿先生之子常嘉煌负责。据常嘉煌表示，当时复制这幅壁画时，发现土层很薄，墙体存在容易剥落的现象，直接在墙体上作的话壁画很容易受到损坏。所以，制作时特意在墙面上裱了一层丝绢，然后在贴在墙上的丝绢上临摹壁画，这样一旦墙体有问题，方便壁画的转移，但这也使得盗贼轻易地把《药师菩萨像》壁画整体揭盗。

麦积山石窟

位于渭河谷地的天水，无论以自然地理或是从人文地理上看，都是一个很重要的地区。谷地的南边为秦岭山地，这里层峦叠障，是黄河与长江两大水系的分水岭。麦积山位于天水市东南30公里处，它本是一座状如麦堆的孤山，石窟就开凿在山体西南、南、东南三侧的垂直峭壁上。麦积山垂直高度为142米，比埃及胡夫大金字塔还要高些。它的最上层石窟距地面70米以上。上下栈道有十余层。山顶还存有隋代古塔一座，现存窟龛194个，造像

麦积山石窟

主要是彩绘泥塑，只有少量石雕，总计 7000 余躯，洞内壁画约 1300 平方米。

据《高僧传·玄高传》记载："高乃杖策西秦，隐居麦积山。山学百余人，崇其义训，禀其禅道。时有长安沙门释昙弘，秦地高僧，隐在此山，与高相会，以同业友善。时乞伏炽盘跨有陇西，西接凉土，有外国禅师昙无毗，来入其国，领徒立众，训以禅道。后高与昙弘进向河南，河南化毕，进游凉土……时魏虏拓跋焘僭据平城，军侵凉境。焘舅阳平王杜请高同还伪都。既达平城，大流禅化……"此文说明玄高是从麦积山到西秦国都袍罕，又至北凉都城姑藏，最后至平城。他到袍罕，是乞伏炽盘时期（412—428 年在位），那么他在麦积山隐居的时代，应在乞伏干归战败杨定以后。假定玄高隐居麦积山时，年龄是 20 岁，则当公元 422 年，他离开麦积山至迟在公元 426—427 年。这就是说，至迟在公元 5 世纪 20 年代，麦积山已有禅窟存在。

麦积山石窟开凿于北魏，迄于清代。北魏统治者大多笃信佛教。在他们的倡导下，当时的佛教得到了空前的发展。虽然在公元 432 年曾一度发生过拓跋焘的灭法和排佛活动，然而在当时佛教已逐步深入发展的历史条件下，也只能暂时地给佛教以表面上的抑制，却不能从根本上动摇它的根基。公元 452 年，拓跋焘被杀，拓跋濬继位，佛教又得到了复兴，并进而得到大发展。随着佛教的盛行，建立寺院和开窟造像也蔚然成风。在北魏王朝统治阶级的倡导下，不仅开凿了著名的云冈石窟和龙门石窟，整个北方兴窟造像之风也愈演愈烈。甘肃各地石窟寺中的窟龛，不少都是这一时期开凿的。

这一时期的石窟壁画，无论就其内容的广泛和表现形式的多样以及绘画技巧的成熟，都大大超越了前代。在继承前代石窟寺壁画艺术优良传统的基础上，又有革新与突破。据从麦积山石窟现存的壁画内容来看，此时的题材

主要有弥勒菩萨、释迦、多宝佛、七佛、千佛、弟子、飞天及供养人等。在麦积山127窟中还发现了中国神话故事中的东王公和西王母、佛经故事中大型的经变画“睒子本生”和“萨埵那舍身饲虎”、佛传故事中的“八王争舍利”等。其人物造型由十六国时期的雄伟刚健逐步地被清俊秀美、潇洒飘逸的风格所代替。无论佛与菩萨都身体颀长、面形瘦削、双眉弯曲、两眼细长，鼻梁高隆、唇薄嘴小，嘴角上带有一丝亲切神秘的微笑，神情高雅恬静。从服饰上看，佛多着汉式褒衣博带式袈裟；菩萨或着宽博上衣或披宽大披巾，裸露的肌肤逐渐减少；飞天则多着宽博长裙，双足也不再裸露于外。这种风格的出现，是以魏晋南北朝时期士大夫阶层的生活及审美标准为基础的。当时南朝的士大夫，追求一种“傲然独得”“神情俊迈”的飘逸生活，欣赏清秀之美。“褒衣博带”“大冠高履”的清秀身躯和风姿飘逸的神情就是当时南朝士大夫崇尚和效法的榜样。这种风格自孝文帝改革之后传入北方，进而风靡全国。麦积山石窟中有不少北魏时期的壁画，都是受这种思潮影响的产物。

麦积山石窟的经变画在我国石窟艺术中占有重要位置。经变画是我国古代劳动人民对佛教艺术形式的一种创新。它是以某一部佛教经典的内容为依据而创作的绘画。麦积山第127窟内西壁龛顶的巨幅“西方净土变”是目前我国各石窟寺中最早的一幅净土变。画面上方绘有庄严辉煌的亭台楼榭建筑群，阿弥陀佛端坐于殿堂之中，两侧观世音、大势至二菩萨侍立，殿堂外两侧众多的弟子、菩萨和四方信士虔诚向佛恭立。殿堂之下，设置有华盖的建鼓，鼓手在欢快地敲击，中间二舞伎弯腰舒袖翩翩起舞，描绘了“极乐世界”歌舞升平的景象。画面不仅场面壮观，人物众多，有静有动，而且构图严整，错落有序，相互配合得自然而和谐。线描极其流畅，一丝不苟；施以石青、石绿等色，浓淡相宜，更增加了画面庄严雅致和清淡秀丽的气氛，充分体现了这一时期的风格。“净土宗”是我国佛教中的一大派系，其初祖为东晋的慧远。它主要是依据《无量寿经》《观无量寿经》和《阿弥陀经》等佛经教义，宣扬只要专心念“阿弥陀佛”，即可往生“西方净土”。由于净土宗所宣扬的修行方法极其简便，也就更易得到人们的信仰。麦积山的这幅“西方净土

麦积山石窟造像

变”，出现于北魏时期，其艺术价值十分珍贵。

麦积山第127窟内东壁龛顶的大型“维摩诘变”也是我国石窟壁画中现存较早的规模宏大的经变画。据有关资料记载，魏晋南北朝时期的一些著名画家，如顾恺之、张墨、陆探微、张僧繇等人都先后作过维摩诘像，但其画面表现的也仅为维摩诘一人。炳灵寺第169窟内西秦时期的“维摩诘变”也仅突出了维摩诘及其侍者。敦煌莫高窟表现维摩诘的大型经变画又大多出现于隋代以后。南朝刘宋时期的袁倩画的“维摩变”，也只是一幅卷轴画。麦积山第127窟的“维摩诘变”的可贵之处在于其历史悠久、场面宏大、绘画技巧成熟，反映了北魏时期的绘画水平。《维摩诘所说经》中的《问疾品》经文中写道：“尔时佛告文殊师利，汝行诣维摩诘问疾……八千菩萨、五百声闻、百千天人，皆欲随从。于是，文殊师利与诸菩萨、大弟子众及诸天人恭敬围绕，入毗那离大城。”这一动人场面在画面上充分表现出来。画面上维摩、文殊端坐于山林之中，神情镇定自若，周围众菩萨、弟子及众天人簇拥围观。壁画把一部经典中的几个情节巧妙地结合在一起，反映了当时艺匠们卓越的智慧与技巧。

麦积山第127窟顶东坡和北坡绘有“萨埵那太子舍身饲虎”的佛本生故事连环画。现已不很完整，能看出其情节的只有“太子出游”“舍身饲虎”和“回宫报信”等几个主要场面。佛教相信轮回，所谓本生故事，就是传说释迦牟尼在降生净饭王家为太子之前的许多世代之所作所为。这些故事，大多来源于古代印度的神话传说。萨埵那舍身饲虎的故事，说的是一个王子高

尚的“自我牺牲”精神，是当时石窟壁画或造像中最常见的题材之一。故事的梗概是说在古代的摩诃罗陀国有三个王子，其中最小的名叫萨埵那（摩诃萨埵）。一天，三王子出游，在山林中发现一只母虎和七只小虎因饥饿而奄奄一息，萨埵那见此情景便起怜悯之心，决定牺牲自己以救饿虎，便纵身跳崖坠于虎侧，饿虎舐食了王子的血肉后起死回生。父王得知王子死讯后，悲痛欲绝，赶赴现场，收尸建塔，以铭记王子的崇高精神，画面以“出游”“饲虎”“报信”等情节为主线，采用连环画的形式，画在石窟壁上。因为故事的中心思想是宣传悲壮的“自我牺牲”精神，因而“舍身饲虎”的场面在整个壁画中占有非常突出的地位。画面上白雪皑皑的山林中，小虎和母虎贪婪地争抢着王子的骨肉，它们个个富有活力和生机。古代的艺匠们并没有完全受佛经的约束，而是根据自身的生活体验和对故事情节的理解进行了再创作，使作品具有强烈的感染力。

在窟顶南坡的“睒子本生”故事，其主要内容是说古代的迦夷国王入山狩猎时，发箭误中睒子，国王得知中箭的睒子是一个入山摘野草侍奉盲父母的孝子时，十分感动而懊悔，便寻找睒子父母，告知睒子中箭身亡的消息。盲父母得知睒子身亡，痛不欲生，感动天神赐药，睒子死而复生，盲父母也重见光明。现存画面以“国王狩猎”“拜见盲父母”为主。前者画面上山林道路崎岖，溪水潺潺，国王及侍从骑马奔驰在旷野之上，山林中的鸟兽惊慌地飞奔逃窜，是一幅极富生活情趣的狩猎图。后者画面上草庐前，国王寻找盲父母，门外端坐的盲父母似急切地盼望儿子归来。国王似告知睒子不幸中箭的经过。简单的几个人物，构成了富有戏剧性的场面，具有感人的力量。画面将人物、山峦、树木、溪流融为一体，既是一幅美妙的长卷故事画，又似一幅秀丽的山水人物画。睒子本生的故事，与我国封建社会的儒学伦理观念为中心的思想极为吻合，因此它也是魏晋南北朝时在我国佛教绘画中最流行的题材之一。

麦积山第127窟顶正中所绘“东王公遨游太空”，画东王公乘四龙驾驶的鲸鲵大车，宝盖高悬，旌旗飞扬，装饰得异常华丽。前有仙人引路，后有天

兽随从，巡游天际。窟顶正面坡上，以长卷画的形式绘“穆天子拜见西王母”，穆天子身着宽博大衣，足穿云头鞋，一副气宇轩昂的样子，在众臣子的簇拥下，徐徐缓步前进。东王公和西王母本是中国古代神话中的天神，被道教所信奉。这些中国神话故事的题材，在敦煌莫高窟及四川各地的北魏壁画中也时有出现，说明了佛教艺术在它兴起之初也掺杂了一些中国的传统题材，反映了北朝时期佛、道、儒三教相互融合的特点。

知识链接

冯国瑞与麦积山石窟

2007 年 10 月 25 日，是陇上文化名人、天水籍学者冯国瑞先生诞辰 100 周年。冯先生早年就读于东北大学，后考入北平清华学校国学研究所（清华大学文学院），师承梁启超、王国维、陈寅恪等国学大师。冯先生博学多才，著述丰硕，在文学、历史、考古、训诂、书法、诗词等方面都有开创性研究成果。尤其是他第一个实地考察、考证、挖掘、研究并推介了有“东方雕塑馆”之称的麦积山石窟，为陇上“石窟走廊”显扬于世做出了开拓性贡献。1940 年，冯先生自重庆归故里，潜心研究地方文献，发现了麦积山研究的些许资料。遂于 1941 年农历四月八日庙会之际，邀友赴麦积山实地勘察，后写成《麦积山石窟志》一书，刊印后流传海内，引起学界关注。《大公报》《益世报》《燕京学报》等报刊专题报道，《说文月刊》全文登载。此后，个别书目及外文译本渐有麦积山和山志的介绍。一批批名流学者陆续入山勘察、观光、绘画，麦积山石窟从此名扬于世。为了保护麦积山石窟，冯先生几上兰州，给当时的国民党元老于右任、邵力子、吴

稚晖等写信或打报告，并拜见西北行辕主任朱绍良、省政府主席谷正伦陈述已见，请求保护。邓宝珊将军慷慨解囊，冯先生也将家藏宋元古画捐赠山中。并邀刘炳文教授第二次考察麦积山，写成《调查麦积山石窟报告书》，同时绘出平面图和维修保护纲要呈送省政府。后邀请天水专员胡受谦三上麦积山现场游说，于是拨款修复了部分栈道。1948 年，在冯先生倡议下，地方人士联合成立了“天水麦积山石窟建修保管委员会”。1949 年天水解放，麦积山石窟回到了人民的怀抱。1953 年 7 月，中央文化部社会文化事业管理局组织吴作人、王朝闻、常任侠等一行 14 人来天水专门考察麦积山石窟，冯国瑞先生以甘肃省文物管理委员会委员身份，陪同攀崖考察 53 天，后随团赴京，受到中央人民政府秘书长林伯渠接见并给冯先生以高度评价。1957 年，国务院将麦积山石窟列入第一批国保单位。1957 年，56 岁的冯先生被错划为“右派”在兰州雁滩劳动。1960 年，他将天水家中珍藏文物全部捐赠麦积山文管所。1962 年病危之际，急将所藏 13 种珍贵文物捐赠中科院考古研究所。

到了公元 574 年，周武帝也曾排佛，但并未阻止佛教的盛行。因此，在当时北周统治的范围内，修窟造像之风仍方兴未艾。这时的人物造像已逐渐脱离北魏时期那种飘逸俊美的瘦劲形象，又开始趋于比较丰腴的造型。这种形象与南朝梁武帝时期的大画家张僧繇的画风比较接近。张怀瓘在评论张僧繇的绘画时称：“象人之妙，张得其肉，陆得其骨，顾得其神。”由此可知，张僧繇所绘的人物，是以肌肤的丰满而著称。而麦积山石窟距当时的政治中心长安及中原地区较近，受汉族传统文化的影响也较深，其画风也必然受到新风格的感染。因此，这里北周时期的壁画，都基本上用本民族的传统技法绘制。其内容现存者有释迦说法、释迦、多宝佛说法、千佛、伎乐、飞天、供养人及佛传故事中的涅槃图等。无论从绘画技巧的细腻、构图形式的多变等方面看，都比前代有更大的突破。如麦积山第26窟顶部正面坡上的释迦涅槃像，画面上以平卧于金棺内的释迦牟尼佛为中心，周围众弟子围绕，有的低首抽泣，有的举手拭泪，从弟子们不同的姿态中反映了他们举哀时的悲痛心情，意简情真，富有感染力。这些壁画总体上看，造型准确，流露出一种端庄清秀之美，用线流畅，奔放挺拔，劲健自如，施色浓淡相宜，给人以和谐明快之感。有的作品则绘雕结合，独具匠心，达到了很高的艺术境界。如麦积山上七佛阁窟外崖壁上的伎乐飞天就是其代表。崖壁上每四身伎乐组成一组，有的手执乐器，有的手捧供物，他们自由欢快地飞舞在花丛之中，使佛窟华丽辉煌、生意盎然。这些伎乐飞天的面部和四肢，以薄如蛋壳的浅浮雕塑造而成，增加了人物的立体感，达到了呼之欲出的艺术效果。这种色泽鲜艳、格调别致的作品，在我国石窟绘画中，也是一种大胆的尝试与创新。公元581年，杨坚废除北周政权后，继而灭陈，结束了我国长达280余年的

麦积山石窟佛像

南北分裂局面。由于国家的统一，南北的画家们云集京师，不同风格的画派相互吸收和融合，更促进了隋代艺术的迅猛发展。著名的画家如展子虔、郑法士、郑法轮、董伯仁、杨契丹等人都活跃于此时的画坛，而且他们大都善作佛教壁画，在继承南北朝优良绘画传统的基础上，创立了郑法士、展子虔绘画“细密精致而臻丽”的一代画风。麦积山现存隋代壁画数量不多，但绘制都很精巧，技法也十分纯熟。特别是在对佛、菩萨和供养人的描绘上，更多地注意到了人物情韵的刻画。

麦积山的唐代壁画虽不及炳灵寺丰富、集中，但还是颇具特色。这些现存的唐代石窟壁画，虽没有敦煌那样绚丽多彩、辉煌庄严的“经变图”，也缺乏那些情节生动、引人入胜的佛教故事画，然而它们以小巧玲珑、自然活泼、富有情趣的民间风貌出现，从而为人们所喜爱，也从另一个侧面反映了当时绘画艺术的高超水平。

麦积山第5窟窟外西龛顶部两侧的女供养人像，是初唐时期的作品。画面上的众女供养人，身躯颀长，秀丽端庄，上着轻薄贴身的圆领宽袖上衣，下着宽博大裙，双手于胸前拱起，风姿绰约，雍容华贵，一派“柔姿绰态尽幽闲之雅容”的气概。

隋唐时代，麦积山开凿新窟不多。唐末中叶，一度被吐蕃占领，重要的有第5、第13、第98窟。此时利用旧窟重塑全身，则屡见不鲜。宋明时代，也有重塑、补塑之举，但规模远不如前代兴盛。

知识链接

须弥山：传说中的世界中心

须弥山是古印度神话传说中的名山，在佛教中具有非凡的意义。佛教

经典中所说的须弥山是诸山之王、世界的中心，高达200多万里，相当于200个地球摞起来那么高。而且须弥山有日月环绕，山顶为释帝天，四面山腰为四大天王所居。敦煌、云冈等石窟的许多佛教造像和绘画都以须弥山为题材，以此来表示天上的景观和仙境。

从早期的石窟壁画来看，须弥山一名由来已久，基本是伴随着佛教东传，即佛教经典的翻译、石窟的开凿、佛本生故事及石窟壁画的出现而产生的。从这个意义上说，须弥山石窟如同佛教神山，文化内涵极其丰富。耐人寻味的是，我国的石窟开凿由西向东，沿丝绸之路展开，如明珠一样星罗棋布，却为何将“须弥山”之名冠在固原？研究佛教文化的专家们认为，这是因为丝绸之路上的敦煌莫高窟、炳灵寺石窟和麦积山石窟已是盛名远扬，只有以佛教圣山命名，才能使须弥山石窟更有影响，更具吸引力。

须弥山是丝绸之路西出长安后第一座著名的佛教石窟圣地，也是著名的石门关所在地。石门关是隋唐前后著名的七关之一，为西北通往唐朝都城长安的要冲，是屏蔽中原及长安的门户。

须弥山石窟的开凿有其深刻的历史根源。有研究者认为，一方面是为了丝绸之路的畅通以及中西文化的融汇，另一方面是源于北魏时期统治阶层的信仰及其崇佛浓郁的政治环境，再加上北周政权奠基人宇文泰对原州（今固原）的着意经营，使得固原在唐代无论从政治、军事还是经济、文化等方面都有了进一步的繁荣和发展。

须弥山石窟还有唐、宋、西夏等各个时代的题记多处，这些题记，是研究当时社会历史的珍贵资料。

玉门昌马石窟

玉门，为河西走廊西端的重要城镇。汉武帝元狩二年（前 121 年）击败匈奴，先后置武威、张掖、酒泉和敦煌四郡，至迟于武帝太初元年（前 104 年）置玉门县隶属酒泉郡统辖。这里历代被人们视为“塞垣咽喉，表里藩维”之地，具有重要的战略意义。汉唐之间，随着河西地区佛教的遍布与繁荣，玉门一带也开凿了几座石窟。其中比较重要的有昌马大坝和下窑石窟等。现在大坝石窟已遭彻底破坏而无任何窟内遗存，下窑石窟内还留有一些塑像和壁画，具有早期石窟艺术的艺术特色。佛像 4 窟，中心柱分两层，四面上、下各开一圆拱形龛，每龛均塑一佛像，龛外两侧各塑二胁侍菩萨。佛作磨光高髻，面形丰圆，细眉大眼，高鼻薄唇，双耳垂肩，肩宽体健，结跏趺坐，身着通体袈裟，衣纹为有规则的阴刻，神情古朴，庄严沉稳。菩萨上身袒露，下着裙，披巾自双肩搭下绕肘下垂飘举。与酒泉文殊山千佛洞内的塑像如出一辙，具有十六国时期造像风格的特征。窟内顶部及四壁绘画为西夏时期重绘。

玉门昌马石窟的壁画

酒泉文殊山石窟

酒泉，位于河西走廊西部，有着悠久的历史和灿烂的文化，其地“东迎华岳，西达伊吾，南望祁连，北通大漠”，自古以来就是“诸夷入贡出师往来

酒泉文殊山石窟壁画

之道”和“羌戎通驿之途”，是“河西保障之咽喉”，具有十分重要的战略地位。

从酒泉城向南大约行走 15 公里，就到了文殊山石窟群。文殊山为祁连山的一个支脉，相传文殊菩萨曾在此显灵，故称“文殊山”。这里群山环抱，绿树掩映。南望祁连雄峰，白雪皑皑；北视大漠，茫茫无垠。洞窟开凿在文殊山的前山和后山两处，在前后山之间还有六七所小石窟。文殊山原来寺院林立，前山后山有古代建筑 360 余座，寺院 70 余所，石窟窟龛数目多达 100 余个。在历经了千余年后，现在仅仅在前山还保存着两个完整的洞窟——千佛洞、万佛洞；后山的个别洞窟中还残留着一些壁画与造像。

下面是几处经典造像。

1. 伎乐天

千佛洞，窟顶环绕中心塔柱，翱翔于空中，飞旋于鲜花、流云纷飞的碧空之中，有的奏乐，有的起舞。其形象古朴，多采用西域凸凹或晕染技法，与新疆克孜尔石窟中早期的飞天的表现形式有许多接近之处，明显地受到西域绘画风格的影响。但又并不是西域形式的直接仿效与抄袭，而是经过融合与创新后产生的一种新形式，更符合我国北方民族传统的审美习俗。壁画下方绘锯齿形纹装饰，其特点与敦煌莫高窟第 272、第 275 等窟内的壁画风格都有很大程度的相同，具有早期壁画的鲜明特征。

2. 千佛

整个画面着色艳丽，以红、绿、白三色间隔。坐佛面部线条勾勒明显，面带微笑，手施各种佛法印。

3. 立佛

身穿通肩袈裟，赤脚直立在莲花台上。袈裟紧贴身上，衣纹深刻，具有早期造像的明显特征。

4. 菩萨

头戴宝冠，上身袒露，下穿紧腿长裤，身上斜搭着披帛，身体呈动态的“S”形，两臂的飘带也随之飘动，充满了动感。

张掖马蹄寺石窟群

张掖，位于河西走廊中部，是西汉武帝时期所设置的“河西四郡”之一，素有“塞上江南”“金张掖”之称。从两汉到隋唐期间，张掖一直是河西一带的商贸和文化中心之一，佛教也十分盛行。在张掖境内的祁连山脚下也有众多的石窟，张掖马蹄寺石窟群是祁连山内石窟最为集中、数量最多的石窟群。

马蹄寺石窟群位于肃南裕固族自治县境内临松山下的薤谷一带，北距张掖市 65 公里。这里的山顶终年积雪，山脚下是丰美的天然牧场。马蹄寺石窟群，最早的名称为“薤谷石窟”，是以其所在地的名称命名的。而“马蹄寺”之名，则与现编号第 8 窟地面上的一个马蹄印有关。

马蹄寺石窟群，包括今马蹄寺南、北二寺、金塔寺、千佛洞及上、中、下观音洞等 7 处，最早的洞窟始建于北凉。这些石窟以马蹄寺为中心，分布

张掖马蹄寺石窟

在周围的崇山峻岭之内，它们之间的距离，少则两三公里，多则10公里，各石窟内现存的窟龛，也是少则两三个，多则十余个，现在能编号的共有70余处窟龛。这些窟龛所在的山崖，多系红砂岩，石质结构粗糙，易风化，因此各个石窟中的造像，除极个别的为石雕外，绝大部分为泥塑。各石窟内的造像与壁画的损害也很严重，但从时间的延续上看，马蹄寺石窟群保留着从十六国时期到明清各代的佛教艺术品，它们虽不如敦煌莫高窟、天水麦积山和永靖炳灵寺等石窟中各代造像或壁画那样系统和完整，但这些造像与壁画都以强烈的时代共性、突出的地方特性，在不少方面能补充莫高窟等石窟中不足的内容。尤其是马蹄寺石窟群中的十六国北凉时期的佛教艺术，显示着独特的优势，在研究中国早期佛教艺术的发展进程中，有着相当重要的地位与价值。

从佛教艺术的角度看，马蹄寺石窟群的独特之处在于北寺有500多个摩崖佛塔窟龛，规模宏大；金塔寺中的大型飞天古朴稚雅，为国内仅有；普光寺的33天洞，上下5层21窟，宝塔形排列，内有佛殿，外有回廊，共开内外窟龛达49孔之多，造型奇特。

下面是几处保存完好的石窟造像。

1. 天马蹄印

8 窟，关于这个马蹄印的来历，民间的传说颇多。有的说此印是“天马下凡所留”，有的说是“唐僧取经，路过此地，白龙马所踏”。当地藏族人民还说这是“格萨尔王的马蹄印”。清代诗人高元振在其《马蹄遗迹》诗中写道：“飞空来骥足，马立落高山。入石痕三寸，周规印一圜。神马峰头立，旃旄漫度关。”形象地描述了这个马蹄印，也间接地反映了人们的信仰心态，即不论是什么来源，这个“从天而降”的马蹄印总是神灵显现，保佑一方水土的吉祥物。天马蹄印迹现存于普光寺马蹄殿内，成为镇寺之宝。

2. 飞天与化生童子

金塔寺东窟，窟正中的方形中心塔柱每面开凿了三层佛龛，因窟前山崖崩塌之故，中心柱几乎露于窟沿前端。下层每面各开一圆拱形大龛，每龛内都安置着彩塑的佛像，结跏趺坐。龛外两侧除南面塑二弟子外，其余均塑二胁侍菩萨，龛楣外侧，各悬塑飞天 6—8 身，这里的飞天还没有脱离西域飞天“U”形的姿势。

龛楣上的化生童子，一个个攀援在不同的角落里，探头探脑，指东道西，活泼可爱。如此内容丰富、华丽壮观的中心柱窟，在河西地区的石窟艺术中还不多见。

3. 菩萨与飞天

金塔寺西窟，顶部在环绕中心柱的地方画着供养菩萨，外侧还绘着一系列飞天，象征性地表现着无际的碧空。菩萨与飞天都是高鼻深目的形象，有着体高肩宽的身材。它们的画法是用朱色线条准确而又简练地勾出人物的形体，再用石绿、浅黄或纯白等色来涂绘衣饰部；灰殊山前山千佛洞壁画中的佛与菩萨也表现出了魁梧的体格特点，它是先用土红或白色绘出人物的基本形象，再用较深的宽线在颜面和肢体边缘勾出轮廓，然后以红线或黑线勾勒，以鲜艳而又浓厚的色彩涂衣裙和饰物，衣裙的边缘最后还要用较深的颜色晕染一次，以增强人物的立体效果，这种技法与龟兹早期石窟艺术有着不可分割的渊源关系。菩萨与飞天姿态多样，造型生动。特别是在中心柱表面大量采用高塑的方法，使一些塑像贴壁而坐或凌云飞翔，烘托得佛国世界更加热烈非凡。

4. 双菩萨与思惟菩萨

金塔寺西窟，悬塑，皆戴宝冠，上身袒露。坐姿各异，神采飞扬，面部及衣饰颜色经后代重绘，但不失原作的神韵。

5. 菩萨

金塔寺西窟，一改菩萨头戴宝冠的塑造模式，梳着双辫，身穿袈裟，是一位面带微笑的僧人模样。

6. 立佛

马蹄寺北寺1窟，中心柱正面龛内，高4余米，佛磨光高肉髻上残留后代重塑的螺髻，着通肩袈裟，躯体的轮廓明显，衣质薄如轻纱。这种风格，明显受到印度秣菟罗造像的影响。

马蹄寺石窟为窟群的中心，石窟开凿在今肃南裕固族自治县马蹄区政府所在地西南侧的山崖上，分南北二寺。如今这里为藏传佛教系统，主持为密教喇嘛。石窟内的早期艺术品多被改观。石窟南、北二寺后的山崖上开凿窟龛数十个，其中以北寺的规模较大，窟龛结构宏伟壮观。南寺多以石刻舍利塔为主，比较分散。北寺的现编号3、7、8、9等窟，以结构奇特和工程浩大而引人注目，也是研究古代佛窟建筑的珍贵资料。三十三天马蹄寺3窟，位于窟群东端，俗称“三十三天”。为马蹄寺北寺规模最大、结构特殊的洞窟。

马蹄寺石窟的佛像

该窟缘何名称为“三十三天”呢？据《东乐县志》记载：“有石门二十，石洞七，俱凿大小佛像，即寺僧所谓之三十三天也。”还有一种说法是自最低处到顶部，共有石阶三十三级，而民间有“天有三十三天，地有十八层地狱”，取名“三十三天”，寓意佛窟高大雄伟的气势。此窟共分五层，窟门整齐排列，自上至下，第一、第二、第三层，每层每面平列佛窟五个，第四层列三窟，最上一层为一个窟。窟平面多作方形，人字披顶，或庐顶四面披，每窟内正壁开一大龛，每龛内塑一佛，龛外四壁上方影塑千佛，下方绘壁画。由外观看，各层窟的排列似一宝塔，高达数十米。如此规模宏大、结构奇特的石窟，在中国众多的石窟寺中，还是比较罕见的。

知识链接

象牙佛——榆林窟的稀世珍宝

被称为莫高窟的姊妹窟的榆林窟，不仅保存着精美的壁画、珍贵的题记，最重要的是因为这里保存过一尊非常珍贵的象牙佛。

据说这种象牙佛全世界只有两尊，是由一根象牙分成两端雕刻而成的。榆林窟保存的是尖部，而根部则传说在国外。什么原因、什么时候这尊象牙佛流转到了榆林窟无人知晓。只知道明朝时候由于战乱，榆林窟废弃，后来被一个云游僧人发现就供奉起来。传说也就从那时起，榆林窟一带突然风调雨顺，来这里安家的百姓也越来越多，香客也自然多了起来，象牙佛就作为镇寺之宝一代代地传了下来。然而珍贵象牙佛的存在也给榆林窟的僧人带了很多次的劫难，几位主持都因为保护象牙佛不被土匪劫去而付出生命。在解放前，榆林窟的主持郭元亨也是为了保护象牙佛，一次次地被马匪严刑拷打，但他始终没有交出象牙佛，到了解放后，郭主持将象牙佛完好无损地交给了人民政府，使得这尊弥足珍贵又染着无数僧徒鲜血的象牙佛重见天日。

无论如何，敦煌人的印象里，象牙佛与榆林窟的命运息息相关，象牙佛影响着洞窟的兴衰。象牙佛现在被列为国家特级文物，现在就珍藏在北京故宫博物院。到敦煌旅游的朋友可以在安西县博物馆里看到与原物等大的复制品，也可以在敦煌艺术图书上一览它的芳迹。

7. 站佛殿

马蹄寺7窟，俗称站佛殿，为马蹄寺石窟群中仅次于“三十三天”的大窟，窟平面呈纵长方形，平顶，高15米，宽26.3米，深33.5米。窟前凿有三个窟门，窟内原来东西两壁及正壁上，绘有高3米余的四大天王及帝王礼佛图，场面壮观，气势非凡，称得上大制作与大手笔。

武威天梯山石窟

武威，史称“姑臧”或“凉州”，位于河西走廊的东端。《汉书》称“凉州之畜，为天下饶”，“姑臧脂膏之地”，素有“银武威”之称。汉、唐之际的武威，经济文化已经高度发展，使这里出现了“边城晏闲”“牛马步野”的繁荣局面。武威的营建始于西汉。

天梯山石窟，也叫大佛寺，始创于北凉王沮渠蒙逊时期（401—432年），距今已1500多年，早于云冈石窟和龙门石窟。它位于武威市城南约40公里处的中路乡长水村北祁连山境的天梯山。这里因山势险峻，山道崎岖，层峦叠嶂，形如悬梯，故名“天梯山”。天梯山巅白雪皑皑，常年不化，“天梯积雪”即为凉州八景之一。山间泉水叮咚，草木丛生，风光绮丽。石窟周围群山环抱，阡陌纵横，一片幽静。石窟开凿在依山傍水的崖壁之上，最高处距离地面60米左右，分三层修建而起，各窟间原有栈道相连。

关于石窟的开凿，据唐代和尚道宣的《集神州三宝感通录》等书记载：沮渠蒙逊曾经在凉州以南百里的地方，为他的母亲祈福雕凿了一尊6丈多高的石佛像，还开凿了几所石窟，石窟里的佛像有泥塑也有石雕，它们的形态千变万化，常常令前来礼拜的信徒们惊诧不已。据说当时有不少中原僧人也闻名参拜，有时会远远地望见那尊大佛正在来回不停地走动着，但等他们走到跟前时大佛就又恢复了静止，不过它的脸上还显露着刚刚活动过的神态。

天梯山石窟佛像

有的人不相信，就取来一些细土撒在地上，想看看它到底会不会走动。撒土人刚刚走远，大佛就离开了山崖不停地行走起来，它的双脚踏着大地，留下了清晰可见的足迹。几百年来，这尊大佛就是这样经常向人们显示着它的灵异。

但在公元 7 世纪以后的中国历史文献中，就再也看不到有关这处凉州南山石窟佛像的记载了。据载，这一带自隋朝以后，平均每 60 年发生一次大地震，所以，最先开凿出来的大佛像可能早已毁坏于大地震了。此后，天梯石窟在北魏、隋、唐、西夏期间均有扩建，至明、清已成为喇嘛教寺院。据明正统十三年刘永诚《重修凉州广善寺铭》记载：正统十年（1445 年），天梯山石窟尚存 26 处。由于地质结构松软，天梯石窟在历次地震中遭受不同程度的损失，仅 1927 年武威大地震，就震毁洞窟 10 余处。新中国成立后，实存造像和壁画的只有 8 窟。1959 年 9 月，因兴修黄羊水库，而窟址地处水库淹没区，于是部分造像、壁画被迁至兰州市甘肃省博物馆。北魏、隋唐时期的藏文经卷、绢画等由敦煌文物研究所保存。唯独唐代大佛窟内的造像，长期被浸泡在窟前水库中。后

来，在窟前修起防水大坝，防止了库水的继续侵害。

现在，天梯山石窟仅存3层，大小洞窟17处。其中有4座是中心塔柱式洞窟，中心柱窟都是中等规模，平面近似于方形，中间立着一座通顶的方柱，象征着楼阁式的佛塔，方柱的每面开出二层或三层佛龛，再在龛内塑制佛像。现在可以断定属于北凉时期开凿的洞窟有编号1、4等窟。供养菩萨与菩萨4窟，两个中心柱窟壁面上有两层壁画，上层的和敦煌莫高窟北魏时期的壁画很相似，下层的就是比北魏更早的北凉时期壁画。在那些下层的壁画中，有手提净水瓶的观世音菩萨立像，有手握兵器的天王形象，有双手合掌蹲跪着的供养菩萨像，还有体现西方极乐世界思想的化生童子形象。这些壁画人物在绘制时都是以线描为主，面相也很有自己的特色。如菩萨面形方圆，高髻，长发披肩，细眉大眼，高鼻薄唇，身着袒右肩袈裟，双手合十，半跪状，形象和绘画特征，都与炳灵寺169窟内西秦壁画极为相似。而壁画中所表现的主要是大乘佛教的思想，与龟兹地区的通过道式中心柱窟有很大的不同。来自印度的绕塔礼拜思想被北凉国佛教徒接受以后，就开始形成了最初的具有中国内地特色的石窟艺术，并对以后中国石窟的发展产生了深远的影响。

炳灵寺石窟

甘肃省的永靖县西接河西，东通长安，是丝绸之路的交通要道，商贾僧侣往来的必经之地。十六国时期，由鲜卑族乞伏氏联合汉族统治阶层，在公元385—431年建立西秦政权，统治秦、河西一带达47年之久。统治集团皆崇佛法，由于他们的极力倡导，在县城西北约35公里处的黄河北岸小积石山上，开凿了炳灵寺石窟，一时间，炳灵寺成为当时西秦境内的佛教圣地。

现存西秦时的窟龛各有一处。第1龛为摩崖大龛，龛内塑像为一佛、二菩萨，但均经过晚代妆銮、重塑。位于窟群的北端的第169窟，是一个巨大

炳灵寺石窟

的天然溶洞，洞窟进深19米，宽27米，高14米。洞壁凹凸不平，窟内龛像和壁画的分布，没有统一规划和布局。正面北侧的第6号龛，内塑一佛、二菩萨，佛背光上绘伎乐飞天。佛像庄严，菩萨端丽，在龛侧署名“建弘元年岁在玄枵三月廿四日造”的字样，即公元420年，这是国内现存最早的开窟纪年题记。在其左外侧的壁画上，供养人的画像中有西秦高僧昙摩毗的画像。窟内还有一些龛像更为古朴，所以可以断定建弘元年不是此窟最早营建的时间。

北魏时期的窟龛多为北魏晚期的遗存。洞窟平面多呈方形或长方形，窟顶为低穹隆形。正壁主尊多为释迦多宝二佛并坐像，左右壁各雕一佛、二菩萨或一交脚弥勒、二菩萨，造像的题材还有七佛、五佛、涅槃像、思维菩萨、供养菩萨、力士、千佛等，造像特征鲜明。

北周和隋代的洞窟遗存不多，洞窟形制与北魏洞窟较接近，但造像风格已有明显不同，佛像、菩萨像的面部渐趋方圆，服饰衣纹也趋于写实。

此处现存的唐代窟龛有134处，占窟龛总数的2/3以上。洞窟平面作方形、圆形或马蹄形，窟顶多为平顶。窟龛造像多为一佛、二弟子、二菩萨、二天王或一佛、二菩萨、二天王等组合。造像主尊有阿弥陀佛、弥勒佛、观世音菩萨等，多为石雕像加敷彩绘。第171窟内高达28米的倚坐弥勒佛像，

为石胎泥塑。据记载，此像为凉州观察使薄承祚于贞元十九年（803年）建造的。窟前依山建有七重大阁。

宋代以后，石窟的开凿逐渐衰落。在清代初年，石窟造像竟几次遭到人为破坏，此后，逐渐被人遗忘，直到1911年被重新发现。现在，已修建了保护洞窟的防水堤坝和石窟之间的栈道、天桥等。

炳灵寺是中国北方地区的佛教石窟寺。现存较完整的窟龛共有195个，彩塑和石雕造像776身，壁画900余平方米，摩崖刻石4方，石碑1通，墨书或刻石纪年铭文6处。这些历经千百年奇迹般被保留下来的作品，为我国美术史增添了重要的一页。

知识链接

单于的避暑胜地——马蹄寺石窟

马蹄寺石窟位于甘肃省肃南裕固族自治县马蹄区的祁连山境，北距张掖市65公里，是我国唯一处在雪山之中、海拔最高的一座石窟群。此地环境恶劣，交通不便，是集石窟艺术、祁连山风光和裕固族风情于一体的旅游区。它由三个北凉石窟和四个元代石窟组成，分布在方圆十余里的范围内。远在西汉初年，是匈奴阿育单于的避暑胜地。

马蹄寺石窟是一个规模宏大的石窟群体，它包括七个小石窟群，《甘镇志》讲“神骥足迹”。民间传说：天马下凡时一蹄落在了这里的一块岩石上，踩下了一只蹄印。寺院由此而得名。如今这块蹄印石被保存在马王殿内。

马蹄寺石窟群，包括千佛洞、南北马蹄寺、上中下观音洞和金塔寺七个小石窟群。每个小窟群，多的有三十余窟，少的有两窟，总共有七十多窟。

第二节 西北国土的另类风范

须弥山石窟

宁夏南部的固原地区，遍布着黄土山脉和丘陵，就在固原县城西北 55 公里的地方，有一处六盘山的支脉，裸露着红色砂岩体，丛生着生命象征的绿色植物，它的南面有寺河流过，这无疑给荒凉广漠的黄土地带注入了一点灵气，仿佛人间的仙境一般。这座山恰恰又起了一个佛教中神圣的名字——须弥山，经过历朝历代佛教徒们的祈愿与营造，这里已经成为宁夏南部最重要的佛教胜地了。

须弥山南北长 1800 米，东西宽 700 米，有 132 所石窟分散开凿在山麓的东南向崖面上，从南向北可以分为大佛楼、子孙宫、圆光寺、相国寺、桃花洞、

须弥山石窟

松树洼、三个窑、黑石沟等八个区域，初创于北魏，兴盛于北周和唐代，直到明代，仍然有石窟开凿活动。从北魏末年开始，这一带地区称作原州，明代才改成了今天这样的地名——固原。它是丝绸之路东段北道上的一个重镇，对于中原王朝经营西北地区有着举足轻重的军事地位。须弥山有着良好的自然条件，红色的岩体也适合开窟造像，因此，给古代僧侣们的修行，为善男信女们的祈祷提供了极大的便利，也为我们今天留下了一批佛教艺术瑰宝。

在子孙宫区的崖面上，第 14、第 24、第 32 窟都是方形平面的中心塔柱窟，这里的塔柱更像方形平面的楼阁式宝塔，少的有三层，多的可达七层，在塔柱体的每层四面都开龛造像。有的窟在窟室内的壁面也开龛造像。这三所洞窟的造像中，有交脚坐的弥勒菩萨，有单独的坐佛或立佛，而中心塔柱四面的大多数龛内造的是一佛二菩萨，即形体高大的坐佛像和侍立于两边的菩萨像。第 24 窟中心柱顶层四龛的造像内容比较特殊，后龛刻的是乘象入胎，东龛是逾城出家，正龛是悉达多太子思维像，西龛雕着一尊立佛，手持一物，据说是释迦牟尼托钵起程，游化说法的情景。可以看出，这四龛的雕刻表现的是释迦牟尼一生中的四个重要故事内容，是须弥山石窟中唯一一处佛传故事雕刻。三窟中的佛教人物形象都是面形清瘦、身材修长，属于北魏晚期的时代风格，有的佛像宽大服装的表面刻着排列密集的衣纹线，则又是北魏时期流行于西北地区的地方雕刻艺术特色了。

1983 年，考古工作者在固原县发掘了北周的原州刺史李贤墓，出土了波斯萨珊王朝的鎏金银壶和陶俑、壁画等大量的北周珍贵文物，曾经在文物考古学界成了一个热门话题。这位李贤和西魏、北周的统治者宇文氏家族有着极为密切的关系，北周政权的奠基人宇文泰还曾经将两个年幼的儿子寄居在李贤家达 6 年之久，周武帝宇文邕西巡到原州时，曾亲自驾临李贤的宅第。用李贤这样地位显要的人物经营原州，足见这里已被北周统治集团看作军事重镇和后方基地了。而这段时期开凿的石窟寺，也以可观的数量、宏大的规模、精湛的技艺在须弥山石窟群中占有突出的地位。

须弥山的北周洞窟主要分布在圆光寺和相国寺区，第 45、第 46、第 48、第 51、第 67、第 70 窟等是其中的代表作。这些北周的石窟仍然是方形平面的中心柱窟形式，与北魏时期所不同的是，中心方柱的每面只开出一个大龛，龛内雕造了大型的佛与菩萨像。佛像头顶的肉髻是低平的，面相方圆，双肩宽厚，完全摆脱了北魏清瘦的样子，形成了北周特有的厚重敦实的造型风格。第 45、第 46 窟左右毗邻，是须弥山保存造像最多、雕刻内容最为丰富的石窟。第 45 窟稍大一些，在中心柱的四面和窟室四壁共有 15 所佛龛，大部分雕的是一佛二菩萨像，但西壁南龛的主尊是倚坐着的弥勒菩萨像，所以，这里面可能有表现过去、现在、未来三世佛的题材。它们的形体都比较高大，身高在 1.8 米至 2.5 米，菩萨的身体表面有华丽的装饰，但由于后代佛教徒所作的重妆，很多已看不到原有的风采了。这两所石窟都有布满壁面的浮雕装饰，其中第 45 窟的顶部四坡面都以陪衬着忍冬叶的香炉为中心，两旁是一对相向舞动的伎乐飞天，手持乐器，身上的帔帛迎风飘动着；飞天之间是一个化生童子。中心柱座的四角各雕着一个象头，象征着四头大象承托着沉重

的塔座。在柱座的每面还分别雕刻了八身伎乐人物，他们有的吹横笛，有的弹琵琶，有的击羯鼓，有的奏箜篌，欢快地演奏着美妙的佛国音乐。第46窟中心柱基座的四面除了伎乐人之外，还有神王和供养人的形象。

第51窟由主室、前室和左右室组合而成，是须弥山形制独特、规模最大的一所中心塔柱窟。它的主室高约10米、宽14.6米、进深12.5米，中间立着边长5.5米的通顶大方柱，在左、右、后三面各开一龛，龛内是一佛二菩萨像。主室后壁并排端坐在长方形坛上的三尊佛像，高达6米许，是中国北周石窟艺术中的杰作。1920年的海原大地震，使窟室受到了严重破坏。

唐代，是须弥山石窟艺术的繁荣期，保存至今的窟龛数量也最为丰富，主要分布在大佛楼、相国寺、桃花洞三区。第105窟俗称“桃花洞”，是中国石窟中较为罕见的一所唐代中心柱窟，在中心柱的每一面，除北壁里龛仅雕了一尊立佛外，其余各龛都有主像和胁侍菩萨。这些菩萨像的头顶梳着高高的发髻，身上绕着飘带，形体优美，亭亭玉立，展现了大唐特有的艺术风采。窟室左壁的后部还雕了一身展开双臂站立着的接引佛，是阿弥陀佛正在迎接众生进入西方极乐世界的形象。

须弥山石窟大佛像

在相国寺区，还分布着一系列成组的唐代佛殿窟，它们一般是方形平面，沿着正、左、右三壁设置有倒“凹”字形的宝坛，在坛上雕着佛与胁侍的二弟子二菩萨二天王（或二力士）像。这种窟是提供给僧侣们拜佛讲经说法用的，在它们的下方，还分散着系列成组的僧房和修行用的禅窟，这样就构成了一个庞大的崖间寺院体系。

第5楼的前面原来有木构的楼阁建筑，所以从明代以来这里就俗称为“大佛楼”。窟内高达20.6米的倚坐大弥勒佛像，仪态威严，表情慈祥，面对着山前的开阔地带，大有高居须弥山俯视人间众生的感觉。在人们的眼里，这尊大佛就是须弥山石窟艺术的象征。

须弥山石窟中还保存了一些宋、西夏、金、明各朝代的汉文题记，在松树洼区还有几座明清时代雕成的喇嘛塔，对于我们了解这处石窟群的历史与演变也是很有帮助的。

九成宫周边石窟

在关中西部与甘肃陇东相毗邻的地区，丝绸之路西出长安后南北两道的必经重镇——彬县与凤翔之间，是麟游县。这里不仅山川秀丽，景物宜人，尤其是夏季凉爽的气候，很幸运地拥有了隋朝和初唐皇家的避暑山庄——九成宫。当年杨姓和李姓的帝王们，在炎热的夏季离开长安城，在嫔妃、宫女、侍卫、大臣们的前呼后拥下，经过长途的旅程，来到这处皇家的夏宫避暑，随之而来的还有长安城的舞蹈、音乐、绘画、雕刻等文化艺术。因此，这个关中西部的小县更能直接地反映出大唐长安的时代风貌。1000多年过去了，九成宫也早已湮没在了现代麟游县城的下面，然而，这一带所发现的众多名胜古迹，如宫殿、水井、城门，以及唐代大书法家欧阳询书写的《九成宫醴泉铭》碑等，越来越多地向人们勾勒出昔日繁盛的景象。在九成宫周围的群山之中，竟然隐藏着八处佛教石窟和摩崖造像。它们的雕刻年代早的可到北魏时期，晚的属于明代，而以唐代的作品居多。这些艺术品如同众星拱月一

般，环绕在九成宫的周围，为逦迤多姿的山崖披上了一层佛祖神圣的光环。

下面，就让我们按时代顺序，来一同游览九成宫周围的佛教胜迹。

麟游县城西南约 16 公里的九成宫镇永安村，位于青莲山的南麓，这里有一处面南的东西走向山崖，崖前花草丛生，有小溪西流，东川寺摩崖龛像就位于这处山崖间。东川寺摩崖现存有两所造像小龛，第 1 龛是圆拱形的，龛内雕着一身坐佛和两身胁侍菩萨像，龛壁间还有六身小坐佛像，龛外的左下角刻着一位骑马的供养人和侍者像。这所龛内的造像虽然残损较多，但仍然可见它们消瘦的形体，和身体表面密集的平行线衣纹。因此，它是麟游县现存最早的能反映一些陕西地方特色的北魏晚期造像龛。

在麟游县西南方向青莲山上的一处山崖间，保存着古青莲山寺的摩崖造像，有将近 20 所佛龛。从古代的《麟游县志》和那里的石碑记载来看，这些造像龛是在唐太宗的贞观年间雕刻成的。在它们的布局安排上，存在着一些统一的规划，其中的题材与内容有众弟子像、众菩萨像和表现释迦佛祖诞生的故事情节等。人物的形体都是敦厚而丰满的，很少有优美身段的刻画，这是唐太宗时期佛教造像的普遍特点。

位于麟游县城以东大约 4 公里处的漆河西岸崖面的慈善寺石窟，是九成宫周围佛教雕刻艺术中的代表作。这里的西崖间自北向南依次分布着三所中型石窟，南崖间还排列着九所摩崖造像龛，都具有鲜明的唐代特有的艺术风格，只是在雕凿年代上略有早晚的区别。第 1 窟的规模最大，它的平面呈马蹄形，顶部近似于穹隆形。在窟室内依正、左、右三壁凿出了一个倒“凹”字形的佛坛，佛坛的正中心是一尊圆雕的坐佛像，而左右壁前则各有一尊高浮雕的坐佛像，这样就构成了三世佛的

摩崖造像

造像题材。窟内的这尊主佛像不仅身躯健壮，还有优美身段的刻画，是唐高宗时期佛像制作的典型风尚。第2窟的平面呈扁马蹄形，背依正壁雕出的一尊通高4.7米的大立佛像，占去了窟内的主要空间。立佛的左手掌心托着一颗火焰宝珠，据说这种宝珠能够变化出人们所需要的一切物品。在第2窟左右侧壁的上部，各有一所小型的立菩萨龛，它们可能是大立佛的胁侍菩萨像；左右侧壁的下部分别是一佛二菩萨龛和一佛二弟子龛，这两所龛内的坐佛像，又似乎可以同大立佛一起组成三世佛的题材。第2窟里的菩萨像虽然不大，但它们丰腴窈窕、婀娜多姿的女性体态特征，正是代表了唐高宗晚期到武则天称帝时代的人物审美情趣。

第3窟没有完成，后来只是在正壁上开了一所佛龛。散布在南部崖间的九所佛龛，也都是唐高宗和武则天时期的雕刻风格。这些龛内的造像组合以一佛二菩萨居多，还有一佛二菩萨二弟子，和倚坐的弥勒佛像与倚坐菩萨、半跏坐菩萨、二弟子相组合的，其中后一种是极其罕见的。

另外，在慈善寺石窟以南大约1.5公里的白家河中流东岸崖间，也保存着一处同时代的摩崖造像龛，内容是一佛二菩萨二力士二狮子，与它相类似的作品，我们可以在洛阳龙门石窟唐高宗与武则天时期开凿的窟龛造像中找到很多，它说明了西京长安与东都洛阳之间存在着极其密切的关系。

麟游县城以东大约1公里处的杜阳路2号，是麟游县木器厂所在地。在这个工厂院内的最北端山崖间，分布着麟溪桥摩崖造像，共有19所佛龛。除了第16、19龛以外，其余各龛都是唐高宗和武则天执政时期开凿完成的。这些龛的形制有尖拱、圆拱和长方形等，龛内的造像组合有一佛二菩萨、一佛二菩萨二弟子、双菩萨立像、双佛立像等，特别是较大的第18龛中的单身立菩萨像，头顶挽着高发髻，身体丰满又显窈窕，右臂弯曲向上外扬着，再加上那种扭曲成反“S”形的动作，充分展露出这尊菩萨的艺术魅力。

麟游县城以北5公里的地方，有一处石鼓峡石窟，坐落在澄水西岸边。这一带的石质河岸三折急转，窟顶古柏垂落蔽日，环境幽雅如世外桃源。这所中型石窟平面近似于马蹄形，窟顶为较平的穹隆形，窟内中部只雕了一尊

1.8 米高的坐佛像。佛像的形体胖大，腹部隆起，给人以臃肿的感觉，这是唐玄宗李隆基执政以后，社会上崇尚以肥胖为美的艺术表现。在窟内几条铭文题刻中，年代最早的一条是唐宪宗元和四年（809 年）刻成的，因此，人们推测石鼓峡石窟可能是在唐玄宗以后的公元 8 世纪末至公元 9 世纪初开凿出来的。而东川寺摩崖的第二龛内，造的是坐佛与胁侍菩萨之像，也具有身躯肥胖、不显身段的体型特征，是在唐昭宗大顺元年（890 年）刻成的。这时相距唐朝的灭亡已经不远了，造像艺术也表现出了衰颓的趋势。

麟游县城北部的蔡家河摩崖造像，位于蔡家河岸边的山崖间。这里的佛龛有 20 所左右，基本看不出统一的布局。龛内的造像内容有一佛二菩萨，坐佛与骑狮子的文殊菩萨和乘象的普贤菩萨，单身佛坐像，单身菩萨立像，以及和尚模样的地藏菩萨立像，还有一尊线刻的托塔天王像。这些造像大约是在北宋时代雕刻成的，它们虽然在造型上力求模仿唐朝的艺术风格，但由于时代的变迁，却再也无法获取唐人特有的神韵了。

彬县大佛寺

彬县是古代丝绸之路西出长安东段北道上的第一站，唐代称作邠州。在彬县城西 10 公里的水帘洞乡大佛寺村附近的清凉山上，有一处大佛寺石窟，现存有洞窟 100 多所，还有不少的摩崖造像龛，是陕西省境内最大的一处石窟群。它们面北背南，前有泾河蜿蜒东流，窟前屹立的五层楼阁，使这一带幽美的环境增添了一股灵气。

大佛寺石窟的数量虽然不少，但有造像的只有近 20 所，包含了大小造像 1500 余尊。在山崖间，当年供给僧侣们修行与起居用的僧房窟，系列成组地排列着，它们彼此之间使用栈道、石廊或竖井形通道相连接，这种庞大而连贯的僧房窟群在全中国范围来看也是极少见的。在有限的若干含有造像的石窟中，大佛洞、千佛洞和罗汉洞的规模最大，保存的造像也最多、最完整。

大佛洞，雄踞于大佛寺石窟群的中心，它不仅是这处石窟群里最大的一

彬县大佛寺

所洞窟，也保存着全陕西省最大的一尊佛像。它的平面近似于“凸”字形，横宽34.5米，进深18米，高23.5米。洞窟上部的总体构造是穹隆形的，中间还有一个残损的横向人字坡，很像两面坡的房屋样子。位于窟内正壁的是一尊巨大的坐佛像，高达19米，占据了窟内的很多空间。位于前壁的大型明窗正好可以透过一束光线，照射在大佛的面部，在整体幽暗的反衬下显得格外神秘。在东西侧壁上还各有一尊高约13米的立菩萨。不过，大佛洞现在的地面并不是最原始的地面，如今的高度显然是上升了，所以，这三尊大像的真实尺寸要比我们目前看到的高一些，如果将来能在这里作一些发掘清理，我们就可以看到它们的本来高度。在大坐佛的身后还开出了一条环形甬道，这样就可以使信徒们绕着大佛作右旋礼拜了。这种洞窟的使用功能，会使我们联想到拜城克孜尔石窟中的大像窟，到了北魏时代，大同的云冈石窟里也

出现了这种带有环形甬道的大像窟，所以，这样的做法，是大佛寺对中国石窟寺古老传统的继承。

在大佛背光的左下侧，刻着“大唐贞观二年十一月十三日造”的铭文，其中的时间也就是唐太宗李世民执政的第二年，即公元628年。现在窟内的巨型一佛二菩萨像的表面，都是经过后代重新塑造的，而大佛背后的头光与背光还仍然保留着开窟时的雕刻内容与造型。在大佛象征神圣的身后光环表面，刻着火焰纹、花卉和卷草纹图案，其间还穿插了众多的飞天伎乐和坐佛形象的浮雕，展现出一派佛国世界里和谐、欢快的气氛。这些背光间的小坐佛却有着低平的肉髻、方圆的面庞、丰满而敦厚的身躯，保留了很多北周以来的造像特征。无独有偶，在全国其他地区发现的唐太宗时期的佛像，大部分带有浓厚的前朝风格，而很少有新的时代特色。

千佛洞是一所平面近似于正方形的大型中心柱窟，由于窟内不太高，而中心柱又比较宽大，所以，它的形制和我们在前面提到过的楼阁塔形中心柱有一些区别。只有中心柱正面的几个大龛似乎有一些规划，而其他壁面的佛龛都是大小不一、杂乱无章地排列着，这是洞窟凿成后不断补刻的结果。从造像龛间的一些铭文题记来看，大部分应该是武则天执政时期的作品。罗汉洞的规模略小一些，形制比较特殊，西侧是马蹄形的窟室，正壁开出了一所大龛，东侧是竖长方形的窟室，彼此间连通着。壁面间的很多佛龛也是无规律补刻上去的，造像的风格大致与千佛洞相同，年代可能稍晚

大佛寺的佛像

于千佛洞。

千佛洞和罗汉洞众佛龛的造像题材有单尊佛像、双尊佛像、一佛二菩萨像、一佛二弟子二菩萨像、单尊的菩萨像和佛装的地藏菩萨像等。有的在佛、弟子、菩萨一组造像中还加入了天王与力士。这些造像所共有的时代风格是：都具有鼓胸、细腰、宽胯、头身比例适度、身躯丰满健康的体形特征。这是集人体的健与美于一身的造型艺术，是从北周的丰满型佛像发展而来的新型艺术。特别是有的立菩萨像，清晰地显露着女性般的优美身体轮廓，再加上向一旁扭动着的胯部，如舞蹈动作般的手姿，完美地刻画出了菩萨的妩媚与婀娜。这是大唐盛世带来的积极向上精神在出世的佛教艺术中的体现。

大佛寺石窟千佛洞与罗汉洞的造像艺术基本风格，我们还能在耀县药王山初唐时期的摩崖造像中见到。这种风格的初步形成有可能是在唐太宗执政时代，到了唐高宗执政的初期，长安的唐风佛教造像艺术被带到东都洛阳，并在那里得到了发扬光大。大佛寺石窟体现了长安城的唐代艺术风貌，而遍布各地的唐风造像，也正是从唐朝首都一带起步，走向四面八方的。

延安石窟

中国革命圣地延安在我国古代历史上也是一个政治军事重地，华夏祖先轩辕皇帝的陵墓就坐落在延安南部的黄陵县。延安地区在秦汉是两条古道的交会点，由咸阳通往边塞九原的秦驰道就经由这里。隋代后的延安郡，成为边防军事重地。这里南连长安，北通边塞，人口兴旺，物产丰富，经济、文化都很发达。

佛教传入中国以后，佛教石窟艺术便逐渐在这里发展起来。从已发现的北魏、西魏、唐、北宋、金、元、明、清历代石窟，可以看到佛教石窟艺术在这里延续了1200余年。

我国佛教石窟雕塑盛于南北朝和唐代，至宋代已衰落下来，这个时期北方的规模较大的宋代石窟极为少见。但是，延安地区石窟的较大规模的广泛

开凿则是在宋代，并且具有很高的艺术水平。它填补了我国北宋石窟艺术的空白，在艺术史上具有重要的意义。

延安地区的石窟主要分布在西部各县的古代交通要道附近，地理位置分散。其中比较重要的石窟如下。

1. 宜君县牛家庄石窟

牛家庄石窟位于牛家庄福地水库断崖上，建于西魏文帝大统元年（535年）。洞窟形制为方形平顶。窟内宽 1.78 米、深 1.30 米、高 1.50 米。左右壁和后壁正中各雕一龛造像，右壁造像已坍毁。后壁佛龛左侧为高浮雕佛传故事。正壁为圭型龛，塑像衣纹作套张表示，着高领大衣，手执尘尾。龛楣上凿有十个半寸的小坐佛。左壁佛龛龛楣上部浮雕持腰鼓、手鼓、横笛、琵琶、筝、箜篌的七伎乐天。雕刻造型风格古拙、纯朴。

2. 富县石泓寺石窟

石泓寺石窟位于富县，依山凿洞，始建于唐中宗景龙二年（708 年），后经唐贞元、咸通，五代后周显德，北宋开宝，金皇统、贞元，元大德，明嘉靖，至清嘉庆十年（1805 年）历代的修建。窟前盖有木结构的前室三间，后边横列 7 个窟，左边第 1 窟为方形窟，中间有佛坛，并存有造像题记。

中洞为金代石窟，建于金皇统四年至贞元二年（1144—1156 年），燕京契宁坊人王信雕造。方形平顶，中有佛坛，佛坛用四根千佛柱支撑连通窟顶。

钟山石窟

延安市清凉山石窟

3. 子长县钟山石窟

子长县北钟山万佛岩石窟，位于安定东北二华里靠近延河畔的北钟山麓，依山凿洞，前接大殿，后山建佛塔。

石窟由并列的7个窟组成。主洞位于中央，建造于北宋治平四年（1067年），至靖康元年（1126年）。宽16.9米，深10米，高9.5米，形制为长方形平顶。分前后室，前室是窟檐部分，凿出三根檐柱，三开间。窟中心的佛坛，被八根通天柱围绕，这在其他地区所未见。坛上凿有三组佛像，每组都是一佛、二弟子、二菩萨组成。三组佛像前是文殊骑狮、普贤骑象。八根柱子和窟四壁满雕千佛，千佛中间有小佛龛，窟内的雕像大部分保留着妆塑。

东西两侧各凿三小窟，均为北宋建造。

4. 清凉山佛洞石窟

清凉山佛洞石窟位于延安市清凉山麓，依山凿洞。前有木构前廊，后有一列石窟，中间主洞为宋元丰元年（1078年）开凿。石窟形制为方形平顶，宽16.5米，深13米，高约8米。窟中间有佛坛，佛坛两侧雕出两面石墙，直

通窟顶。石墙及南壁满雕千佛，其间有坐佛、弟子和佛传故事。佛像组合有释迦、弥勒、多宝、文殊、普贤、观世音、涅槃像、十一面观音等。

右侧一洞宽5米，深4.6米，高4.6米。正面后壁上下两层分别雕三佛、四弟子和十六罗汉。左右两壁对称雕坐骑文殊、普贤和天王造像。左侧二洞宽7米，深9米，高5米，窟顶浮雕八角藻井，主佛为后世所雕。右侧三洞宽6米，深5.3米，高3米，除两天王造像外，四壁浮雕均是佛传故事。

5. 黄陵县双龙万佛洞石窟

位于县城西85公里古道旁的吕村山坳。开凿于北宋哲宗绍圣元年（1094年）至北宋徽宗政和五年（1115年），题记造像作者为鄜州人介端，弟介之，弟介子用，弟介政等。

洞窟形制为长方形平顶，宽9.5米，深8.7米，中央为凹形背屏式石壁，上连窟顶，中有佛坛，佛坛上呈“品”字形排列三佛，均由一佛、二菩萨、二弟子组成。左右两壁横列高3米多的立佛多尊，后壁为五百罗汉和部从六百仕构成的气势宏伟的佛说法和涅槃等三组壁雕，前壁进口处上部正中为千手观音，左右雕佛、菩萨多龛，下部分别横列十尊立佛和四菩萨坐像。

洞口为三开间的檐廊，内接石窟，立八角石柱4根。入口甬道左右壁为两组涅槃壁雕和日月菩萨。

延安地区已发现的佛教石窟石雕和石刻有34处。这一地区的石窟寺均为石雕造像，大部分妆彩。这些石雕的创作者们，运用不同的艺术手段，通过佛教造像，塑造了陕北现实生活中的各种类型的有血有肉、有个性的艺术形象。这种极其写实的风格，具有浓厚的民族特色、地方特色和生活气息。这些民间雕刻艺术家，大部分都在石窟造像题记和碑铭中，留下了自己的姓名，这在我国古代石窟遗迹中，也是不多见的。延安地区的石窟艺术以它独特的风格丰富了我国石窟艺术的宝库。

灵应石窟寺

灵应石窟寺位于宁夏盐池县青山乡境内，距县城35公里，是周边地区最具影响力的宗教旅游景点之一。

灵应石窟寺

灵应寺傍依山势，居高临下，寺前深沟狭长，长年流水潺潺，寺院坐西面东，南北长40米，东西宽20米，铲削平整，庭院无量大殿内，塑荡魔天尊亦称真武大帝造像，左龟右蛇二神侍立于两侧。寺内有石窟13孔，其中11窟各有庙号，一号窟是龙王庙，二号窟是娘娘庙，三号窟是药王庙，四号窟是地藏王菩萨庙，五号窟是百子观音庙，六号窟是释迦牟尼庙，七号窟是眼光菩萨庙，八号窟是灵帝庙，九号窟为三皇庙，十号窟为妈祖洞，十一号窟是财神庙。窟内塑神像，造型逼真，惟妙惟肖，各具情态，呼之欲出；壁画图案大方，色调和谐，绘制精美。

邠州大佛寺石窟

大佛寺石窟在邠州城西北10公里，西兰公路南边的一处红砂岩山脚下。北接泾河，山前是大佛寺村。窟群分为三部，正中为大佛石窟，西南为小窟群，东南为千佛洞，再东的半山中，有许多小窟龛。由于红砂岩的风化，已经看不见有什么造像痕迹了。

大佛窟内刻一佛二菩萨像，佛高18.5米，菩萨高13.95米。在佛背光的西

邠州大佛寺

边，有后人伪刻的“大唐贞观二年十一月十三日造”的题记，因而金石学家据此题记，就认为是贞观时代开凿的。据考证，“贞观”原为“真观”，把“贞观”写成“真观”应是宋代书，把“贞观”年代的“贞”写为“真”，同时把“贞元”（唐德宗年号）又书为“正元”，这都是避宋仁宗（赵祯）的讳名（据陈垣：《史讳举例》“避讳改前朝年号例”条）。由此推测，“真观”的年号是不可靠的记录。又据窟内“大周长安二年”豳州司马李齐与其妻彭城县主的造像铭以及佛与菩萨造像的风格，与大佛窟的造像较为接近。因而大佛窟的开凿，以造像风格论，应在武周或相去不远的时期。但“贞观二年”的刻写，应是后代人刻的。从大佛楼西路旁的小龛，丈八佛洞（外写应福寺）的两小龛内造像风格看，应是隋代的作品。而大佛寺石窟群开创的时间，约在隋代。

郝县石泓寺和阁子头寺石窟

石泓寺一名石空寺。在鄜县西约65公里一小河的东北岸，长约70米的山头上，有七个石窟。其中第六、七窟最大。从第五窟景龙（707—709年）和贞元二年题记看，开创时间约在盛唐。第六窟有皇统、贞元题记，是金代典型的窟。至于第一、七窟，则为明代所雕造。

在鄜县南十五公里，段家庄东南，有阁子头寺石窟一所。据宋元符三年(1100年)、政和二年（1112年）开窟的铭文，其开凿时间应为北宋哲宗和徽宗时代。

知识链接

龟兹石窟

唐朝诗人李顾在《听安万善吹密策歌》一诗中有“南山截竹为爵策，此乐本自龟兹出”的句子，同时代的著名边塞诗人岑参在《北庭贻宗学士道别》一诗中有“今且还龟兹，臂上悬角弓”的句子，而宋朝诗人沈辽则写有《龟兹舞》诗一首，这些古诗中所指的龟兹就是今天的新疆维吾尔自治区以库车为中心，包括拜城、阿克苏、温宿、新和、乌什、沙雅的整个区域。

龟兹是一个历史十分悠久的古国，最早记载见于班固（32—92年）所撰的《汉书·西域传》书中说，当时的龟兹已有6970户，人口81317人，兵21076人，并设有各部千长等官职，已经建立了一个较完备的官僚统治机构。

龟兹石窟就建造在古龟兹国的境内。龟兹石窟是龟兹国境内石窟的总称，包括有克孜尔石窟、库木吐拉石窟、森木塞姆石窟、克孜尕哈石窟、玛扎伯哈、托乎拉克埃肯石窟等六处主要石窟以及台台儿石窟、温巴什石窟、托乎拉克店石窟、亚吐尔石窟等小石窟。

值得一提的是1999年4月在库车县阿格乡北部的克孜力亚大峡谷内，即位于217国道旁进入大峡谷1300米的地方，又发现了一处新石窟——阿艾石窟，进一步丰富了龟兹石窟的内容。随着对石窟研究的不断深入，说不定还会有新的发现。由于那些小石窟大都洞窟数量少，壁画雕塑几乎全部坍坏，因此一般说的龟兹石窟就是指的六处主要石窟。

第五章

中原北方的石窟精粹

崇佛思潮影响到了石窟寺艺术领域，不仅有了僧俗人士直接为帝王国运祈福的作品，还相继涌现出了一批帝王将相亲自督造的石窟寺，为全国佛教艺术界树立了范本模式。

第一节 中原大地的石窟

“中原逐鹿”，自古以来就是争夺天下霸权的代名词。位于黄河中游、太行山东西的河南、山西、河北、山东等地，是古代帝王们必争的战略要地，多少青史留名的英雄人物，都曾在这些地区一展雄姿。中原一带，也是中国汉地最早传播佛教的地区。十六国时代的战乱纷争，使著名高僧道安悟出了一个真理：如果不依靠国家的君主，就很难使佛法昌盛！北魏的佛教领袖法果在这个思想基础上，更提出了“皇帝就是当今的如来佛，僧人应该对他们恭敬礼拜”的口号。礼佛就是忠君，这是封建帝王们很乐意接受的。从此以后，国家君主们不仅大力提倡佛教，还往往借助佛教的作法来实现自己的某些思想意识。云冈和龙门，就是皇家石窟工程中的辉煌杰作。

龙门石窟

公元494年，北魏孝文帝迁都洛阳。在洛阳市城南13公里的伊河入口处两岸，香山（东山）和龙门山（西山）两山对峙，远望犹如一座天然门阙，所以古称“伊阙”。此处山水相依，风景壮丽。北魏在迁都洛阳前后，就已在龙门山的古阳洞凿龛设像。随着迁都后政治中心的转移，皇室大规模的开凿石窟寺工程也从云冈，转向洛阳附近的龙门山。据记载，宣武帝下令仿云冈

龙门石窟古阳洞

石窟，在龙门为孝文帝和文昭皇太后营建石窟各一所，于是，龙门石窟的开凿工程就大规模开始了。

龙门石窟中最早的是古阳洞，在这个巨大的天然溶洞里，早已开始了开龛造像的活动。迁都后，王公贵族竞相到这里，你开一龛，我开一龛，于是自底到顶，所有岩面都布满了龛像。正壁为一佛、二菩萨，左右壁各有三层龛像。洞内造像、题记、书法质朴古拙，所谓“龙门二十品”，其中有十九品均在此洞中。

宣武帝在宾阳洞为孝文帝和文昭皇太后各营建石窟一所，再加上又为宣武帝造石窟一所，就是今天的宾阳三洞。宾阳三洞中，仅中洞完成，也是真正由皇室创建的，是北魏后期的代表性洞窟。洞的大小与古阳洞相仿，窟内以三尊立佛为主体，包括弟子、胁侍菩萨和门外的二力士共雕大像 13 尊。前壁有著名的《帝后礼佛图》，但是已被劫往国外，成为纽约市艺术博物馆和堪萨斯纳尔逊艺术博物馆收藏的佳品。窟顶雕莲花和伎乐天。北魏后期的洞窟形制主要是继用云冈石窟中昙曜五窟马蹄形平面、穹隆顶的草庐形式。莲花洞亦建于北魏晚期，以一佛、二弟子、三尊像，高浮雕莲花藻井和繁细多致的佛龛装饰而驰名，与古阳洞、宾阳中洞并称为“龙门北魏三大窟”。

北朝造像是在云冈造像的基础上发展而成的。它具有鲜明的民族特点和风格，并在形成中国式佛教艺术的进程中起了承前启后的作用，对其他石窟也产生了影响。此后，东魏、北齐至隋唐均继续营建。

唐代是龙门造像时间最长、规模最大、题材内容更为丰富的重要阶段。唐高宗时期，主要是完成宾阳南、北洞及其又开凿的潜溪寺。约自武则天亲政至武周时期，是唐代造像代表形式的形成时期。此时为龙门开窟造像和艺术成就的鼎盛时期。这一时期有纪年的大、中型窟龛较多，其中以奉先寺大卢舍那像龛、惠简洞、万佛洞以及东山大万五佛洞、万佛沟高平郡王洞为代表。奉先寺是为高宗及武后开凿的大摩崖像龛，主佛高 17 米，据造像铭，武则天曾以皇后身份“助脂粉钱两万贯”，并率群臣参加卢舍那佛的“开光”仪式。大佛的脸高达 4 米，略显方形，一双细眉，形似弯月，两只眼睛微微向下俯视，嘴角带着微笑，两只大耳，快要与肩膀连在一起了。这一脸型，与历史书中对武则天的描绘一模一样。

雕像包括佛、弟子、菩萨、天王、力士等。弟子温顺老实，像虔诚的小和尚，菩萨穿着漂亮的衣服，和蔼可亲，天王和力士强壮有力，好像要上战场的勇士。群像布局严谨，刀法圆熟，是龙门造像的突出代表。

自中宗神龙年间至德宗贞元年间（705—804 年），是唐代造像代表形式由成熟逐渐到衰退时期。造像的规模和数量远不如从前。纪年像题材中，弥勒像锐减，阿弥陀、地藏、观音较多。密宗造像在此期内盛行。万佛沟有千手千眼观音。造像形体已显滞重，比起初唐和盛唐的造像大为逊色。

值得一提的是龙门石窟碑刻题记之多，居全国石窟之冠。以碑版艺术久负盛名的魏碑体题记，不仅记载了北魏龙门石窟开凿的历史背景，而且以龙门十二品为代表的大量造像记，代表了当时书法艺术的时代风格和水平。唐碑中则有岑文本撰文、褚遂良书丹的《伊阙佛龛之碑》和开元十年（722 年）补刻的《大卢舍那像龛记碑》，分别为初唐、盛唐楷书的代表。

龙门石窟是中国北方地区的佛教石窟寺。作为中原北方三大石窟群之一的龙门石窟，经过历代的开凿，在伊水两岸的东、西山上，南北绵延1公里长。两山现存窟龛2100多个，造像10万余身，碑刻题记3600多品，佛塔40余座。作为中国北魏晚期和唐代武则天时期的典型石窟，是中国石窟艺术发展趋势中的重要一环。1000多年来，龙门石窟受到自然侵蚀，也遭到人为的破坏。新中国成立后，对其进行了保护和维修。

巩县石窟寺

巩县石窟位于河南巩县寺湾村，北依大力山，隔山向北就是黄河。著名的东汉洛阳八关之一的“小平津”渡口，就在石窟西北5公里处，这里历来是捍卫洛阳的军事重镇。

北魏孝文帝迁都洛阳以后，曾在这里建立“希玄寺”。据《后魏孝文帝故希玄寺之碑》称：“昔魏孝文帝发迹全山，途遥玉塞。弯柘孤而望月，控骥马以追风。电转伊缠，云飞巩洛，爰止斯地，创建伽兰。”到了隋末年间，寺院已残破不堪，廊宇荒芜，法侣流离。唐初又重修庙宇，改称净土寺。中唐时又有禅德明演自洛阳敬爱寺振锡来此，得到李闲泉及夫人张氏的支持，寺院至此兴旺起来。金代兴定三年（1219年），净土寺改律寺为禅寺，由禅宗的祖昭为主持，祖昭也做过嵩山法王寺的主持，袭曹洞血脉。至明成化甲辰（1484年），河洛大旱，山泉光竭，草木焦枯，竟至人相食，寺宇破败，仅存石窟。此后还有过几次重要的整修活动。

巩县石窟是开凿在一片东西长约75米的崖面上的，规模虽不大，但很有特色。现有5个石窟，1个唐代千佛壁和328个北魏末至唐代的小龛。1—5号窟的平面都呈方形，其中1—4号窟都是方形、平顶、中央设中心石柱窟，大小也十分相近。第5号窟有所不同，不设中心柱，规模也略小一些。巩县石窟的一大特点是，在开凿前都有过周密的思考和设计，诸如窟形、规模、外观立面、中心柱、四壁壁面、窟顶及地面等，而且都有明确的构图重心。

巩县石窟壁画

迎面可见的中心柱正面佛龛，更是全窟的重心所在。各窟从窟外到窟内的雕刻，形成一个巨大的创作整体。

巩县石窟的另一个雕刻构图方面的特点是，融合了各种雕刻形式，充分利用自然光照所产生的明暗阴影来突出主题。各窟雕刻的总体构图，是由若干个大小形状、内容都各不相同的小面积构图所组成。这种总构图能获得较好的艺术效果，除一般习用的比例、对称、均衡等手段之外，还利用各种形式雕刻的不同技巧所产生的立体感来加强突出主题，因此这是一种立体的构图方式。

就立面布局而论，巩县石窟有两种典型形式，以 1 号、4 号两窟为典型代表。1 号窟外立面的中央由窟门、门上的方形明窗及门左右持杵金刚力士龛组成。形成了以窟门为中心的构图重心。在自然光的照射下，两侧金刚龛光影明亮而明窗及窟门尽在阴影中，二者对比鲜明，更突出了门窗的深邃。在两外侧各有一尖拱大龛，内刻一立佛二菩萨，起着陪衬和平衡的作用。窟的顶端与平拱相接处，都有莲花化生佛，下有垂幔。中心柱四面各有一个方形垂

帐纹佛龛。南、北、西三面都刻一坐佛并二弟子二菩萨侍立。佛的左右，环绕飞天及莲花化生童子、佛有磨光而前倾的高肉髻，胸间束带，外着双领下垂式袈裟，衣褶垂覆于迭涩束腰方形台座前，衣纹均竖向。方形台座左右，各有正面立狮一身，唯有东面佛龛内主尊是一身弥勒菩萨，头戴宝冠，宝缯呈两个反向的“S”形。身着项圈、缨络与帔帛。作盘坐状，右脚向前伸出。

4 号窟是另外一种外立面构图，中央的窟门上雕饰了双龙尖拱火焰纹，门旁为立柱，取消了明窗。窟门左右持杵金刚力士也取消了龛形，使整体立面表现得简明而紧凑。窟内的雕刻风格则与 3 号石窟相同，估计是同时兴造的。与 3 号窟的主要不同点在于中心柱造像上。4 号窟中心柱没有 3 号窟大，四面各方皆作上、下二层龛。上层四龛都是方形垂帐纹龛，三龛为佛，一龛为坐式菩萨。下层四龛为盝顶大幕龛，南北二面内刻坐佛，东面内刻坐式菩萨，西面内刻释伽、多宝二佛并坐。南面基座上刻二龙王并一夜叉，其他刻十神王等。

唐代千佛壁大龛在 5 号窟东侧，位于石窟群的最东边。龛额作圆拱形，高 1.5 米、宽 2.1 米，中间部位凹入石崖间，略呈“冂”字形。壁面可分两部分，上部 3/4 壁面用来造像，下部 1/4 刻出台基。正壁中心造善跏趺坐优填王一身，其下刻比丘僧思察乾封年造像记，引刻佛经一段。其余壁面刻以成排的千佛共 999 身。大龛左边外侧刻圆雕金那罗神王，足踏夜叉，手持宝剑；右边侧刻圆雕持剑护法神王，也踏夜叉。

巩县石窟保存的礼佛图，即大型供养行列是北魏后期难得的优秀作品，现存十余幅。礼佛图均在门壁的两侧，男左女右，尤以 1 号窟的 6 幅最为完美。人物造像生动自然，总体气氛庄重、肃穆。

巩县石窟在北魏石窟中占有重要位置。如果我们把云冈、龙门与巩县之处石窟加以比较，便可以大致看出北魏石窟雕刻技艺的演化、进步过程。北魏早期的石窟，以云冈昙曜五窟为代表。这些石窟尺度高大，而窟内空间局促，雕像仍置于笼中，有些压抑。从雕刻艺术的布局上看，是一大缺欠。雕像本身的比例也不是太匀称、适度。昙曜五窟之历受赞叹者，以其“真容巨

壮”“雕饰奇伟”而冠于一世。自昙曜五窟以后，北魏进入了雕刻艺术的革新时期。云冈二期石窟雕像，身躯比例适当，体态也较自然，脸形略长，面呈微笑，亲切动人，富于活力。衣纹开始用直平阶梯式刀法，着重线条的装饰趣味，有优美的韵律感。到了龙门、巩县石窟，体态则由略具动态而变成了静态，面容由微笑渐趋稍具笑意的神秘情态，下垂衣纹张开的强劲之势渐弱。龙门在人物造型上以秀骨清相为时尚，衣饰以褒衣博带为美，在雕刻艺术方面，龙门多吸收了南朝文化的养分，细致而老到。巩县则沿袭了龙门之制，更加沉静，但也逐渐走向了程式化。从构图角度看，云冈石窟还缺乏整体构图的观念，也不善于利用各种雕刻形式的对比手法来突出主题。当人们走进洞窟，虽感到美不胜收，但又感到难辨主次，有无所适从的感觉。但龙门与巩县石窟却将全窟作为一个主次分明的有机整体，从外立面到窟内都有统一的布局与构图。另外，此时的艺人们又善于用极薄的浅浮雕表现背光、礼佛图、供养菩萨等，在“薄”中充分表现出雕刻的体积与层次，配合了主体造像的美而又不喧宾夺主。

天龙山石窟

在山西省太原市西南 40 公里的天龙山东西二峰的腰部，从东魏末年起凿建石窟，其后北齐、隋、唐续有开凿。

东魏、北齐的石窟中，东峰第 2、3 窟为东魏末年高欢摄政时期所营建，是天龙山石窟中最早的作品。均作方形窟，低坛，莲花藻井，窟内正壁及左右壁各凿一龛，龛中凿一佛、二菩萨，后壁佛结跏趺坐，左壁结跏趺坐佛与各壁胁侍菩萨则安设在圆莲座上。北齐时开凿的石窟有东峰第 1 窟和西峰第 6、10 窟，窟室作方形平面，圆顶，藻井刻莲花。窟内 3 壁 3 龛，龛侧雕作八角柱。正龛倚坐佛，仰莲圆佛座。正中雕摩尼珠，左右配以二狮子和二伎乐，二胁侍菩萨立于有梗圆莲座上。

隋唐时期开建的石窟，以东峰第 8 窟和西峰第 9 窟最为重要。东峰第 8

天龙山石窟

窟，规模居东峰之首。窟正面凿列柱式窟檐，东壁刻摩崖碑，世称《开皇石室铭》。窟内设中心塔柱，柱四面有佛龛，龛中配置一佛、二菩萨、二弟子，造型优美稳健，是上继北朝下启盛唐的杰作。西峰第9窟是唐代所建规模最大的石窟，位于天龙山石窟的中心，窟前原建有三重檐的高阁，现存二层壁面，上层雕高8米的倚坐弥勒佛，下层中央雕高约5米的十一面观音立像，左雕乘象普贤，右雕骑狮文殊。唐代造像妍丽丰腴，姿态优雅自如，是盛唐时期的杰作。

天龙山石窟是中国北方地区的佛教石窟。在天龙山的东峰有8窟，西峰有13窟，而以唐窟最多，有15窟，天龙山石窟中用圆雕法雕出的佛像，精美华丽，世称“天龙山样式”。

天龙山除石窟外，还有著名的佛寺，东峰偶灵寺，西峰天龙寺，以及开化寺、童子寺。石窟与佛寺紧密相连，形成整体。开化寺大佛近年在天龙山附近被重新发现，这座大佛同乐山大佛一样，在山头上雕出。据记载，唐晋州城西有童子寺，有大像，坐高约60米。北谷开化寺大像，高70米。唐高宗显庆末年，高宗与皇后还来过这里，可见两座大佛到唐时还保存得非常好。

而且，从北齐开始雕倚坐大像，此后，在北方开凿大像成一代之风。天龙山的造像在中国造像史上是很著名的。20世纪20年代，日、美等国一些人不仅严重地破坏了石窟，还将150多件精美雕刻品盗凿劫往国外。现已在世界各地找到该石窟的雕刻品47件，其中的29件能确切认出是从天龙山哪一个洞窟中盗走的。天龙山石窟是国内石窟中破坏程度最严重的一处。

渑池鸿庆寺石窟

鸿庆寺位于河南省渑池县以东的石佛村，由新安铁门镇南涧河北岸，陇海铁路西行6.5公里，便是石佛村鸿庆寺小学，校西墙外，有高五六十米的白鹿山，山脚下就是鸿庆寺石窟。

鸿庆寺石窟在小山东崖，现存四个石窟，全是北魏时期开凿的。其中北端第一窟，虽然前半部分崩坍，但从中心柱窟形、四壁残余的佛本行故事浮雕作品来看，应是北魏晚期的创作。明嘉靖四十二年（1563年）《重修白鹿山鸿庆寺古佛龛卧碑》序文中说，武周圣历元年（698年）改名鸿庆寺。第二窟至第三窟保存的立体雕（唐代菩萨像），可以证明由唐到明鸿庆寺一直是佛教圣地。

安阳境内石窟

安阳的灵泉寺，位于安阳市西南30公里太行山支脉宝山的东麓，这一带保存着两所中小型的石窟洞。大留圣窟，开凿在灵泉寺以东0.5公里的岚峰山西麓断崖上，它原来是东魏的大和尚道凭于公元546年建造的一所修行窟，并没有什么雕刻。到了北齐时期，僧侣们又在这所窟内的地面中间向下凿成了一个倒“凹”字形的佛坛，并在坛上安置了三尊石雕坐佛像，在佛坛的侧面开龛雕出了象、风、火等八位神王像。这些造像都包含着典型的北齐时代风尚。

大住圣窟位于灵泉寺以西0.5公里的宝山南麓石灰岩断壁上，是由隋朝

小南海石窟

的名僧灵裕于公元 589 年开创的。在唐代和尚道宣写的《续高僧传》一书中，还有这位灵裕和尚的传记。大住圣窟的门外两侧，各有一身刻技精湛的浮雕护法神王像，窟内的平面基本是正方形的，在正、左、右三壁间各开凿了一个圆拱形大龛，龛内都雕着坐佛和两位胁侍菩萨立像，窟顶的中心是一朵大型的莲花，莲花的周围刻着六个身体态轻盈、随风飘舞的飞天。这种窟内布局仍然是北齐时代的传统。另外，在大住圣窟的前壁东侧，以线刻的形式排列着六层共 24 位罗汉坐像，它们的身下都刻着自己的名字，第一位是摩诃迦叶，第二位是阿难……第二十四位是释子比丘。这可能与佛教禅宗宣扬的传法世系有关，也是一份十分宝贵的石刻艺术资料。

小南海石窟，位于安阳灵泉寺东南 5 公里善应村龟盖山南麓，面临着洹水，距离自然山泉——小南海不远，共有西、中、东三所石窟。中窟是在公元 550—555 年，由灵山寺的和尚方法师开创，北齐国的国师僧稠禅师重莹修成的。西、东两窟的时代稍晚一些。这三所小窟都是略呈方形的平面，下有

倒“凹”字形基坛，在坛上雕像，窟顶是覆斗形的。我们可以多少从中看到一些北魏龙门宾阳中洞以来的旧传统。这三所小窟在造像的安排上也是很有特点的：在正壁坛上安置的是主尊佛坐像，两侧各有一身胁侍立像；在侧壁高浮雕的佛、菩萨立像之间，还以浅浮雕的形式刻着供养比丘和俗家供养人的形象，僧稠的供养像也被刻在了中窟的北壁。在侧壁的上方有的刻着众多的佛教人物，有的刻着菩提树与莲花水池，似乎代表着特定的环境和佛教故事内容。这两种不同的雕刻手法相结合，空间也显得主次分明，排列有序，意趣盎然。

郎公谷造像遗迹

在济南城南 40 多公里柳埠镇东南不远的地方，有一个地方叫朗公谷。相传在古代，这个山谷中经常有老虎结群出没，给这里的百姓们带来了很大的灾难，以至于他们都不敢在夜间随便行走。公元 351 年，有一位名叫僧朗的和尚来到这个地方修道，建立了一座精舍。僧朗是位得道的高僧，他的到来，不但使这里的虎群猛兽望风归伏，百姓没有了路途中的灾患，就连各国的君主们也纷纷派人向他致意。当时正是十六国战乱，前秦主苻坚、后燕主慕容氏、后秦主姚兴都对僧朗十分钦重，派人请他出山，但僧朗都以年老多病辞谢了。北魏国主拓跋珪还曾受东晋孝武帝司马曜的嘱托，特地派人送书信和物品给僧朗。这一原本空旷的山谷，因为僧朗的名气，一座座壮丽的庙堂陆续建立起来，四方的佛家弟子纷纷前来追随僧朗学习佛法。以后，人们就习惯地称这里为“朗公谷”，而这个名字很自然地同古代山东最知名的佛教胜地合二为一了。

从南向北分布在山崖间的千佛崖造像，是朗公谷佛教胜迹的重要组成部分，它包括六所大龛和若干小龛。其中的一所龛中雕刻着两尊坐佛像，右侧的一身头部和膝部已经残缺不全了，而左侧的一身还保存完好，头顶有低平的肉髻，丰满的身体和面部，属于不太成熟的唐代雕刻作品。从龛间保存的

朗公谷的千佛崖造像

铭文题记中可知，这是在唐太宗贞观十八年（644 年）由一位和尚主持雕凿成的。还有两所龛都是在唐高宗显庆二年（657 年）完成的：一所龛内雕的是结跏趺坐佛，造像主人是南平长公主；另一所龛内主佛是倚坐着的弥勒佛像，龛外两侧分别浮雕了一身勇猛的金刚力士，是由刘玄意出资造立的。在这里，还有两所左右毗邻、大小相仿的坐佛像龛，是在公元 658 年，由赵王李福出资建造的。李福是唐太宗李世民的第十三子，公元 639 年被封为赵王，根据小龛旁边的题记，我们知道李福在雕造这处佛时，他的官职是行青州刺史，这尊佛像是指明为唐太宗敬造的阿弥陀佛像，并且祝愿“四夷顺命，家国安宁，法界众生，普登佛道”。李福的佛像和龙门石窟宾阳中洞里魏王李泰为母亲造的正壁大佛十分相似，它们的左肩部位都垂着一条带子系着袈裟，这是比较特别的做法，恐怕并不是偶然的巧合。

知识链接

广元千佛崖的传说

广元千佛崖位于四川省广元市城北 5 公里的嘉陵江东岸，古栈道险阁——石柜阁就在崖南头，与皇泽寺隔江相望。千佛崖是四川境内规模最大的石窟群。1961 年 4 月被国务院列为首批全国重点文物保护单位。

广元民间传说千佛崖和五佛寺是鲁班与徒弟赵巧比武留下的杰作。鲁班斧劈剑山，墨斗线开龙门，神功无比。其徒赵巧从师十余载，至小聪慧过人，常怀自大之心。赵巧要与师傅一比高低，相约在嘉陵江两岸的石壁上凿崖造像，时间以一夜为限。

翌日，赵巧造好佛像五尊。再到师傅处一看，千佛林立，重重叠叠 13 层，南北长 200 余米。最奇之处是造像后大量的石头不知去向。赵巧惊疑不解，鲁班告诉他说，石头已经用金船沿嘉陵水道转白龙江放置三堆（这就是利州区三堆镇的来历）。赵巧求见金船，鲁班说金船已经沉在千佛崖旁水底，用以驱邪镇妖。并言谁在一夜之间数清佛像的数目，金船自当浮出水面。

千佛崖石窟，题材丰富，雕刻技艺精湛，造像精美，可与同时期中原北方石窟相媲美，是西部地区重要的石窟群。它始凿于北魏晚期，以后历经西魏、北周、隋代的不断开凿，到了唐代臻于极盛，这个时期窟龛的数量占全崖造像的 4/5，许多有代表性的窟龛大多开凿于此时。五代以后趋于衰落，宋、元、明、清多为妆銮佛像之举，清代续有雕凿，其开凿历史绵延 1400 余年，被誉为中国西部历史石刻艺术明珠。

千佛崖的造像，无疑是济南地区佛教艺术中比较重要的一处。

另外，还有佛峪寺摩崖造像，分布在济南城南约13公里的兴隆山腰，共五层约50多所摩崖像龛。在它们当中，保存着许多隋朝的纪年题记，是中国范围内隋朝题记最多的一处佛教艺术群体，因此也是研究隋朝雕刻艺术的宝贵资料。济南市南部的千佛山上也有一批摩崖佛龛，其中大约有五所是在北朝时期刻成的，最早的纪年铭文是北魏孝明帝元诩正光二年（521年）。还有一些造像是在隋文帝杨坚执政时期刻成的。济南市东南18公里处的龙洞，是一所天然的石窟洞，里面的石壁上凿出了十多个佛龛，最早的造像是在东魏孝静帝元善见天平四年（537年）刻成的，其中也有隋炀帝时代和元朝的作品。这些石窟造像，同千佛崖一起组成了济南附近的佛教艺术网络。

青州市也是山东省保存佛教石刻造像的重要地区。云门山在青州城东南约4公里的王家庄附近，王家庄的西南有驼山石窟，东北有云门山石窟，两山相距大约1.5公里。驼山是南北横亘的山岭，在山的半腰崖间开凿了五所石窟和一些摩崖造像龛。驼山第1窟的平面是纵长方形的，正壁的主尊两侧各有一身比较小的弟子像，左右侧壁上分别雕刻了两身立菩萨像和一身力士像。最特别的是主尊坐像，它的头部完全是佛的形象，身上也穿着佛像习惯用的袒裸右肩式的袈裟，在脖子下却装饰着一圈联珠和莲花瓣，裸露的右臂上还佩戴着臂钏，这些打扮却又像是菩萨的。其实，它仍然是一尊佛像，只不过是佛教里的秘密教（天台山所立化四教之一）所尊奉的大日如来像，是释迦牟尼的法身像。这所石窟是在武则天执政时期开凿出来的，那时秘密教在中国还不太流行，因此，它也就显得十分珍贵了。

青州驼山佛像

驼山第3窟的主尊是一身巨大的坐佛像，它的右手掌放在右胸前部，表示它正在

给弟子们说法。这尊佛像的身躯丰硕，但显得有些僵直，带有北齐佛像的遗风，它的身旁整齐地排列着众多的小佛像。在大佛像的台座前面，铭刻着这样一些字："大像主青州总管柱国平桑公。"据专家学者们的考证，这位平桑公名叫韦操，是北周和隋朝比较有名的官吏。隋文帝杨坚当年在北周作丞相的时候，尉迟迥起兵叛乱，韦操奉命带兵平息了这次事变，被朝廷晋封为平桑郡公，以后担任过青州和荆州的总管，死在了自己的任上。《隋书·韦世康》中有韦操的传记，我们根据这些资料，可以推测出驼山第 3 窟大概是在隋文帝执政的前段时间里开凿完成的。因为此处原来是属于北齐国的区域，所以也就不可避免地较多继承了北齐的艺术风格。同样，驼山第 2 窟的主佛像也包含着相同的特色，看来，它也应该是隋文帝时期的作品了。

云门山是一座东西走向的高峰，在山的南面中部，开凿着三所洞窟和两大龛。两所大龛间保存着隋文帝时代的铭文题记，应该是那个时候的作品。其他的三所石窟却呈现出了唐代的风貌，在其中一所洞窟里，有唐玄宗李隆基开元十九年（731 年）雕刻的倚坐弥勒佛像，周围是一片位于小龛内的千佛像，排列得很整齐。

济南和青州地区的现存石窟雕刻艺术，都是在崇信佛教的地方高级官吏的提倡和影响之下，逐渐发展起来的。如果从它们的艺术风格上观察，还不难发现受到洛阳地区的影响的因素，另外，还有它们鲜明的地方特色，这些将有待于进一步系统地研究，才能理清楚这些艺术形成的总体脉络。

在山东省的其他地区，如曲阜城南 10 公里武家村东南的九龙山北部山脚下，还有六所摩崖佛龛，从保存下来的唐玄宗天宝十五载（756 年）题记和佛像的风格上看，都应该是唐朝制作完成的。

黄石崖与千佛山石窟

黄石崖在济南城南千佛山的后面。沿山向东到东峪口，从口内可望见东南谷中开元寺摩崖大佛像的头部。由峪口南转而向西 1 公里，就是峭壁天成

的黄石崖窟壁。窟群西北向，有四五个小龛，最东的窟是沿天然石洞开凿，有许多佛和菩萨形象。小龛下有题记，最早的是北魏正光二年（521 年），最晚的是东魏兴和二年（540 年）。但从造像的风格看，其时代应在北魏末期，再从大窟东的一小龛造像看，又是初唐风格。

千佛山的摩崖造像，是在山的前面。根据造像题记，是由隋开皇元年至开皇二十年期间陆续雕造出来的。

此外，济南东南 18 公里的龙洞，是天然石窟，凿出十余个龛。根据题记，最早的造像是东魏孝静帝（元善见）天平四年（537 年），一直延续到隋大业三年（607 年）以至元仁宗延祐五年（1318 年）。

益都云门山石窟

益都云门山在益都城东南约 4 公里的王家庄附近，庄东北为云门山石窟，庄西南是驼山石窟，两山相距约 1.5 公里。

云门山石窟

云门山是东西横亘的高峰，在山南半腰中，开凿了2个大龛和3个中型窟。大龛外面，有附加窟檐的痕迹，唐太宗时称作“大云寺”。在窟龛的左右，凿有许多小龛和宋、明、清时游人的题记。

从云门山第一、二号大龛中的菩萨像雕造的高宝冠、宝缯下垂、帔巾横于腹间一道，及衣带下垂的风格，再从隋开皇十年（590年）、开皇十九年、仁寿二年（602年）的各小龛题记来看，这大龛开凿的时间，应在开皇十年以前。其他三个小窟，以方形低坛基，题材加进力士的形象，及开元十九年（731年）题记，可以证明是盛唐时期的创作。

佛峪寺摩崖造像

该造像在济南城南约13公里的兴隆山山腰。由北而南，坐东向西，开五层龛。第一层有五个大龛，第二层刻三十二身佛像，第三层主要有四个大龛，第四层有一个龛及千佛像，第五层有大龛六至七个。开创时间，据题记最早的是隋开皇四年（584年），最晚的是开皇二十年（600年）。以后金、元时代也有雕造。以全国石窟而论，佛峪寺摩崖造像，是隋代题记最多的一处，而且造型很美，是除莫高窟以外，为各地隋代造像所不及的。

佛峪寺摩崖造像

知识链接

响堂寺石窟

响堂寺石窟是中国重点文物保护单位，位于邯郸城西南35公里处峰峰矿区响堂山（鼓山）上，有南北两处。

北响堂有一座石窟，外面石壁上还留有木构亭阁建筑，红柱灰瓦，背依山壁。但有些雕刻已经残缺不全。因为历史悠久，历代都有破损。

南响堂寺有石窟七座，随山势营造，分上下两层。下层“华严”和“般若”两洞形为支梯，中有方柱，后壁下凿有通道，以便礼佛时通行。龛内佛像虽遭破坏，但洞壁上佛典经文仍清晰可辨。据记载，这些佛经有的历刻四年之久，字体方正，结构浑朴，笔力雄健刚劲，是研究书法演变的珍贵文物。由洞前的“之”字形石阶向上走去，为二层五窟，这五窟中“千佛洞”最为壮观。洞内有石佛1028尊，因此，名为“千佛洞”。窟内三壁龛，各龛均有一佛和两罗汉两菩萨五尊像，左面坐佛两足踏在从狮子口中吐出的双头莲花上，颇为新颖别致。窟内释迦牟尼坐像，面容光滑圆润，嘴唇微微上翘，长耳垂肩，神情和善安详。窟壁的小佛像一排排，鳞次栉比，琳琅满目。窟顶部的伎乐、飞天，雕刻精巧，裙带飘逸，姿容妩媚，有的手弹箜篌或圆琴，有的口吹竹笙或横笛，形象颇为生动。

南北响堂是全国重点文物保护单位，其光辉灿烂的石窟艺术，是我国劳动人民智慧的结晶，是研究我国雕刻、绘画、书法、佛教发展的一座艺术宝库。

第二节 北国风采的瑞颜宝相

云冈石窟

云冈石窟位于山西省大同市西15千米处武州川峪谷北岸、云冈村北的悬崖下，东西绵延1000米，现存大小洞窟147个（其中编号洞窟53个），据不完全统计，尚存佛像5.1万余身，佛像最高达17米有余，小的造像仅有数厘米高。石雕造型以佛像、菩萨像为主，辅以众弟子、飞天和供养人浮雕，另有殿堂、浮屠、法器、乐器以及花木、鸟兽等，琳琅满目，美不胜收。

山西高原北部，有一个著名的煤都大同市，市西有一处享有世界声誉的艺术宝库，即云冈石窟。

云冈石窟坐落在大同城西16公里的武周山南麓武周川峡谷北岸的断崖上。它依山开凿，东西绵延约1公里。现存主要洞窟分成东、中、西三区，共45个。此外还有许多小型洞窟，共计1100多个，大小造像5.1万余尊。其中的大窟如昙曜五窟和各组双窟多建成于北魏文成帝和平元年（460年）至孝文帝太和十八年（494年）。小窟龛的开凿则一直延续到孝明帝正光六年（525年）。唐朝和辽代仅有个别石窟的开凿和修理，但辽代在此则建有10座大寺。清代以来，云冈石窟鲜为人知。直到20世纪初，才有中国著名学者陈

云冈石窟

垣、叶恭绰，日本人常槃大定等加以报道，引起人们的注意。云冈石窟是中国中原北方地区开凿年代较早，又是以北魏石窟群为主体的石窟，因此，它对周围各地区石窟有很大影响。云冈石窟与龙门石窟、敦煌石窟并称为中国“三大窟”。

云冈石窟最早开凿于北魏中期，具体开凿年代，一说为北魏文成帝兴安二年（453 年），一说为文成帝初年（452 年）。为什么北魏王要在此凿窟呢？首先，自北魏道武帝天兴元年（398 年）到文成帝元年，平城作为北魏都城已达半个世纪，具有一定规模；其次，武周山地是旧京盛乐（今内蒙古和林格尔境内）与新都平城之间往来的交通要道，从拓跋嗣明元帝（409—423 年）开始，这里又成为皇室行幸祈福之地；最后，因佛教在平城已有相当发展，而佛教僧人又要求佛教徒礼拜皇帝，声称皇帝为当今如来，拜天子乃是拜佛，故兴佛有利于皇帝统治。北魏太武帝太延五年（439 年）灭北凉，迁凉州（今甘肃武威）僧徒 3000 多人和吏民 3 万户于平城，造成了“象教（即

佛教）弥增”的局面；太武帝太平真君七年（446 年）行毁佛令，而文成帝即位后于兴安元年（452 年），又下令恢复佛法，令造石像如帝身。兴光元年（454 年）又下令于五级大寺为北魏太祖以下五帝（即道武、明元、太武、景穆、文成帝）铸释迦立像五尊，佛教更加发展。兴安二年（453 年）召凉州名僧昙曜至平城，和平元年（460 年）又任其为沙门统（官名），尊以为师。这些情况都为云冈石窟的开凿创造了条件，使云冈变成北魏都城附近新的佛教圣地。

云冈石窟在北魏时期按开凿先后，可分为三批。

第一批为文成帝初期，昙曜开凿的五窟。昙曜于京西武周山开凿五窟，各刻造佛像一尊。昙曜开五窟处于云冈石窟群的中部，平面皆作马蹄形，穹窿形顶，大体上系模仿印度椭圆形的草庐式。

第二批，开凿于孝文帝迁都洛阳以前（465—494 年）的时期。这一时期所开之窟即现在的中区及东区的一部分石窟，与前期比较，形制、题材都有不同，呈现一种清秀雍容、雕饰奇丽的新风格。主要石窟有五组，其中四组为双窟，一组为三窟。这个时期石窟平面多为方形，有前、后室，可分为佛殿窟和塔庙窟两个类别。塔庙窟中立有塔柱。壁面雕刻多呈上下重层的布局。造像题材多样，大像减少，开始出现世俗供养人雕刻。北魏孝文帝太和十三年（489 年）前后，出现褒衣博带式佛装，这是和孝文帝实行的一系列改革，包括服制改革相一致的。这一时期石窟中最早开凿的为第七、第八组双窟，大约完成于孝文帝初期。在这组石窟中又最早出现着佛装交脚弥勒、护法诸天神和大型供养人等雕像。第九、第十组双窟，可能是太和八年至十三年（484—489 年）为孝文帝所建石窟。这组双窟中又出现了仿汉族木结构窟檐、屋形龛等中原传统建筑形式的雕刻。这一时期石窟的特点反映了云冈石窟乃至北方石窟中国化的进程已经开始。

第三批，开凿于迁都洛阳以后至孝明帝正光五年（494—524 年），主要石窟多分布在 20 窟以西。这时期多为不成组的中小石窟，补刻小龛较普遍，洞窟内部日趋方整。佛像面容清瘦，长颈，削肩，被称为“秀骨清像”。佛装

全为褒衣博带式。这时期窟龛有四种类型，即塔庙窟、千佛龛、四壁三龛式中小窟、四壁重龛式中小窟。这时云冈造像艺术更臻成熟，具有鲜明的民族风格。石窟龛数量增多、中小石窟成为主体的情况反映了北魏晚期佛教的泛滥。

唐代以后，云冈石窟中值得一记的是辽代对云冈各窟的大规模修建。据《金碑》记载：辽代在兴宗耶律宗真和道宗耶律洪基时期（1031—1100 年），曾在云冈石窟大兴土木，主要是建造通乐、灵岩、鲸崇、镇国、护国、天宫、崇福、童子、华严、兜率十大寺。根据考古发掘的材料证明，辽代修建十大寺的方位，约当现编号的 1—20 窟前。同时在第 13 窟南壁佛龛上发现的铭记表明，辽代曾修过大小佛像 1876 尊，这说明辽代统治者对佛教是重视的。

使人们感到痛心的是，大同云冈石窟与敦煌莫高窟一样，一些佛像也被盗窃，据不完全统计，被盗佛像共达 1400 多尊。

昙曜五窟

所谓“昙曜五窟”，分别是现在云冈石窟群中的第 16、17、18、19、20 窟。其总体设计以主佛五方佛象征北魏 5 位帝身；以北魏拓跋氏立国之“数用五”，儒家之“纲常五”，阴阳家之“五行说”等为指导思想，镌就成了一个万世不朽、永世无劫、“上摩高天，下蟠厚地，与天地同久”的石质佛国。

公元 460 年，时在文成帝和平元年，文成帝决定在武州山“凿山石壁，开窟五所，镌建佛像各一”，史称“昙曜五窟”。“昙曜五窟”的开凿拉开了云冈石窟大兴开窟造像的序幕。

昙曜在武州山下灵岩石窟旁的通乐寺中，身伴青灯黄卷，耳听石鼓寒泉，除了翻译佛经、朝参暮礼外，想得最多的是如何使佛永驻京都平城。

他曾在如斧削刀斩般的武州山断岩边久久冥想：为何 7 年前，一场变故，佛寺栋宇尽遭焚劫，圣像法器毁坏无遗，造成释氏灾难性的“太武之厄”？尽管当今的文成帝一反其祖太武帝之意，悉心复佛，但谁能保证文成帝有朝一

昙曜五窟之一

日不会变卦呢？谁又能保证文成帝之后的其他皇帝不再来一次“法难”呢？

昙曜就这样苦苦冥想了7年，忽一日眼前的断岩巨石和先辈法果高僧的“皇帝即当今如来”之语，给了他启发和灵感：开石窟造如帝身的大石佛，以成大功，传永世。后来，昙曜将他欲在武州山开窟造像的计划，向文成帝陈述了一番。文成帝心领神会，马上予以批准。

作为云冈石窟第一期的昙曜五窟，是北魏佛教具有强烈国家政治色彩的反映。“不依国王，则法事难立”，北魏佛教依靠世俗王权的特点尤为明显，道武帝时的道人统法果，公开要求佛教徒礼拜皇帝。兴安元年（452年）诏令仿照文城帝身样形象雕石像。兴光元年（454年）又命于五级大寺内，为太祖以下五帝铸释迦像五身。昙曜五窟正是依照这种礼佛即拜皇帝的构想雕造的。

这五个窟中，主佛形体高大，占据窟内主要位置。根据主像和石窟布局，五窟可分为二组。第18、19、20窟为一组，都以佛装三世佛（过去、现在、

未来佛）为主像。第 19 窟左右二主像处于窟外东、西耳洞中。第 19 窟是这一组的中心窟，开凿的时间也最早。第 16、17 窟为另一组。第 17 窟主像也是三世佛，正中是菩萨装的未来佛交脚弥勒菩萨。第 16 窟主像是单一的释迦立像。如果依据为太祖以下五帝各造一像奉的说法，有人推测，这主像为释迦佛的第 16 窟，相当于当时在位的文成帝，主像是交脚弥勒菩萨的第 17 窟，相当于未即位就死去的景穆帝。而第 18、19、20 窟，则应分别相当于太武帝、明元帝和道武帝。

也有学者认为这种说法是错误地使用了类推法，并把兴光五年铸五身释迦立像的事推论到昙曜造五窟上来。昙曜所设计的五窟，当另有用意。可能是为了表示佛法悠久、历劫不灭的大道理，这当然是针对着毁佛时指控佛法“虚诞”、胡神“无有”所作的反击。如果此假设合理，则这五佛应当是“过去三佛”、释迦和弥勒。过去三佛是拘楼秦佛、拘那含牟尼佛、迦叶佛。法显在僧伽施国就曾瞻礼过“过去三佛并释迦文佛坐处”的纪念塔。第 18 窟立佛袈裟上遍现“千佛”，似表现“贤劫千佛”者，鸠摩罗什译《千佛因缘经》，备说贤劫千佛的图像，释迦是贤劫的第四佛。依佛教的理论，“劫”是一种极长的时间概念。过去有“庄严劫”，现在有“贤劫”，未来有“星宿劫”。每劫各有千佛出世，足见佛法“永存”。

昙曜五窟是凉州佛教艺术的典型遗存，具有浓郁的西域风格。太武帝灭北凉，将凉州僧徒 3000 人，宗教、吏民 3 万户迁到平城，其中不乏长于造像的工匠和著名的禅僧。如前所述，凉州自前凉（314—317 年）张轨以来，一直为中国西北的佛教中心，也是禅学最盛之地。凉州的工匠、禅僧来到平城，对这里的佛教艺术产生了直接的影响，曾创建麦积山石窟的凉州禅僧玄高，太延五年（439 年）也到达平城，受到太武帝的敬重，成了太子晃的老师。文成帝复佛法后任道人统的师贤和任沙门统的昙曜，都是著名的凉州禅师。昙曜向“以禅业见称”，文献记载，北魏云冈石窟中的三世佛、释迦、弥勒和千佛，又都是一般习禅僧人禅观的主要对象。因此，这些巨大的石窟，很可能是为了广聚沙门同修禅法之用的。凉州禅学就此对北魏佛教有直接的影响。

云冈石窟第一期造像的基本力量也应来自凉州。《魏书·释老志》记载："太安初（455年），有狮子国（今斯里兰卡）胡沙门邦奢遗多、浮陀难提等五人，举佛像三，到京师。皆云：备历西域诸国，见佛影迹及肉髻，外国诸王相承，咸遣工匠，摹写其容，莫能及难提所造者，去十余步，视之炳然，转近转微。又沙勒（新疆喀什）胡沙门，赴京师致佛钵并画像迹。"平城作为当时中国北方的政治、宗教和文化中心，集中全国各地的能工巧匠，汲取、融合多种艺术风格，开凿出规模宏大的云冈石窟，它既有凉州造像的基本特征，又明显地带有自己的风格。

昙曜五窟，平面都呈马蹄形（方形抹圆角），穹隆顶，大体上都模拟印度椭圆形的草庐形式。五个窟中主佛都高逾十数米，第20窟至佛身后还凿有低窄的隧道，很明显，这是受到龟兹石窟中大像窟作法的启示。

这一时期的佛像，高肉髻，面相丰圆，颧骨不高，鼻筋高隆，眉眼细长，蓄八字须，两肩齐挺，身躯壮硕。佛像服装，或右袒，或通肩。着袒右肩佛装者，上身内着僧祇支，外披袈裟，僧祇支上方格纹，同敦煌莫高窟及麦积山、炳灵寺早期造像相似。右肩半披袈裟，边刻联珠纹及折带纹。菩萨像圆脸，短身，头戴宝冠，宝缯翻飞。有的冠作三珠新月冠，接近龟兹壁画中的菩萨像，裸上身，佩项圈、短瓔珞和蛇形饰物，下着羊肠大裙。臂饰臂钏和手镯。衣纹雕刻较浅，主要是在凸起的衣纹上刻阴线，细腻匀称，轻薄贴体，用以表现身体的起伏变化。有些造像，如第20窟主佛，身着质料厚重、衣纹凸起的服装，反映了犍陀罗造像和中亚牧区服装的特点。有些造像，如第18窟主佛，则着轻薄贴体、衣纹紧密的服装，反映了印度恒河流域一带笈多造像的某种特点。这种纷然杂陈、百花齐放的造像风格，融多种造像样式于一炉并加以创造的情形，正是云冈早期造像的显著特色。

就雕刻艺术而言，北魏雕刻艺术是我国传统雕刻艺术的延续和发展。云冈石窟雕刻，就是富有才华的北魏各族优秀艺术工匠，积累长期艺术实践的丰富经验，有选择地吸收外来、外地艺术的创造成就，并使之融汇到中国艺术中的生动体现。在雕刻技巧上，云冈昙曜五窟雕刻继承了汉画像石的传统

技法，往往在造像浑圆的身体上，用阴线刻画衣纹。许多大像，继承利用大面积保持完整统一效果的手法，给人以鲜明、雄伟的印象。在细部表现上，也有不少出色之笔。如第 18 窟半浮雕弟子，上半身作圆雕处理，跃然壁外；大佛手脚，柔中有刚，透出肌肉运动的质感，造像的瞳孔，因艺术家巧妙的处理，使原来没有生命的雕像，焕发出感人至深的情愫。第 20 窟大佛作为云冈石窟的代表作，以一种崭新的视野，博大、恢宏的气魄和撼动人心的力度，代表着我国早期佛像的高水平。另外，鲜卑拓跋部以“幽都之北、广漠之野”，战胜“九阻八难”，登上了震惊东亚和中亚的历史舞台，在动荡、艰苦与险恶的历史环境中担负了统一中国北方的崇高重任。民族的英雄气魄、顽强的意志和拼搏精神必然纯真地表现出力的美、人格的美和坚定的永恒信念，而昙曜五窟的五尊大佛，以其崇高、伟岸、粗犷、不可一世的气概，通过石破天惊的艺术表现，真正做到了“证明自我”和“人格写意”的效果，在中国雕刻艺术史上留下了重要的一页。

宝岩寺石窟

该石窟在太行山脉林虑山麓的平顺县东南与河南林县交界处，距平顺约四五十公里，依山凿出 2 个石窟群。全寺有 7 个院，每个院内都有许多窟龛。每个窟都开凿出了像木建筑殿堂式的外形。窟内雕刻以第五窟外部 69 幅压地隐起的水陆图最有价值。根据明嘉靖二十七年（1548 年）《建西方四十八愿殿像记》碑文记载，开创的时间约在 15 世纪下半叶，即明世宗嘉靖初年到二十七年。

此外，吉县城南的挂甲山，也保存有很多摩崖造像，有的造像有开皇二年（582 年）、宋熙宁二年（1069 年）、金皇统五年（1145 年）、大定九年（1169 年）等题记。城东 7 公里的乡宁城，还有隋代开凿的千佛洞。

龙山道教石窟

山西是南宋、金、元之际归蒙古族统治较早的地区之一，也是道教的一支——全真道早期得到较大发展的地区之一。龙山石窟造像题材，除少数道教普遍敬奉的三清尊神外，大多是该支派尊为开山祖师的造像。

龙山道教石窟

龙山道教石窟，主要开凿于元太宗六年（1234 年），大道人宋德芳主持营造。宋德芳号披云子，山东莱州掖城人。金大定二十二年（1182 年）生，丘处机弟子。兴定四年，随师赴西域乃蛮国（今内蒙古科不多地区）拜见元太祖成吉思汗，三载还燕，师封“国师”，弟子受宠，后提点教门，往返于大都、平阳、终南山之间，主持醮事。

龙山道教石窟是全国保存下来的唯一的一处道教石窟。它位于太原晋祠西北山中六七公里处，共有 6 个窟。其中主要造像有：三清像、三天尊像、玄门列祖像，以及开创这窟群的宋德芳像。石窟内有道教石雕像 66 尊、浮雕云龙 8 条以及双凤藻井、仙鹤等诸多石雕。雕像风格朴实、凝练、庄重，衣饰简洁、褶皱分明，与佛教石窟雕像风格迥异。有的龛内的两侧及前壁还留有元代的题记。造像组合多袭取佛教造像形式，无明显特征。如三清洞，正壁雕刻道教的最高神祇——元始天尊、太上道君、太上老君，两旁分别围拢着坐立相间的值日神，西壁刻有李志全祝文。正面主尊（元始天尊）高 1.7 米。

其左右太上道君、太上老君各高 1.65 米，两旁之值日神高 1.6、1.5、1.4 米不等。雕像多已残破，完好者仅 1/3。卧如洞（或曰升仙洞）正中为吕

祖升仙，吕洞宾着道士服装，枕右胁而卧，如佛涅槃，二道童恭立左右。三大法师龛、七真龛中顶部凤纹、龙纹藻井，颇为精致，堪称佳品。整个龙山造像雕刻朴实，形象敦厚，但缺少变化，较呆板。

山石窟规模虽不大，但雕凿技术奇特，面型方圆。衣饰沉厚，线条简练，风格粗犷，生活气息浓郁。我国石窟造像多为佛教题材，此窟甚异，内容全为道府诸神和立门列祖，截至目前所知，尚属海内孤例，亦可称为元代道教雕像的代表作。1957 年公布为省级第一批重点文物保护单位。

南北响堂石窟

邺城遗址，位于河北省临漳县西南 12.5 公里处，包括南北毗连的两个城址。北邺城相传创建于春秋时代，公元 204 年，曹操击破袁绍以后，曾把这里作为自己的国都。东魏迁都以后，又在北邺城的南部修建了一座南邺城，作为高氏政权的都城。据《洛阳伽蓝记》的记载，高欢当初在迁都的时候，洛阳一带很多寺院的和尚尼姑，也都跟着一同来到了邺城。因此，原来洛阳地区的佛教事业，基本被转移到了邺城，开始了新的发展。公元 550 年，高欢的次子高洋取代东魏建立了北齐。高氏集团的统治者们对佛教始终是崇奉的，在他们的直接倡导下，邺城一带的寺院在北齐末年发展到了 4000 多所，僧尼总数达到了 8 万人，形成了一个东方佛教的发展中心。今天，昔日繁盛的佛教事业连同它们所在的城市，一同被湮没到了地下，那些壮丽的寺院景观也早已被农家的耕地所取代了。所幸的是，在邺城西南的安阳地区和西北方的邯郸地区，还保存着一些当年开凿的石窟群，是人们探索东魏北齐佛教艺术的重要资料。

高欢在迁都邺城的时候，还把晋阳（今山西太原）作为陪都。北齐建立后，确定了邺城为上都，晋阳为下都。北齐的几位皇帝一般是夏天居住在晋阳避暑，到了秋天再返回邺城。于是，在东魏、北齐的帝王将相们频繁地往来于两都之间的交通要道上，便兴起了一系列的行宫和寺院，响堂山石窟群

邺城遗址

就是其中著名的范例。响堂山石窟，包括北响堂、南响堂和小响堂三处，都位于河北省邯郸市峰峰矿区鼓山山麓。北响堂在和村东南鼓山山腰处，山下有常乐寺遗址；南响堂位于滏阳河左岸，与北响堂相距约 15 公里；小响堂又叫水浴寺，位于鼓山东坡、北响堂以东的薛村东山上。

在北响堂山下的常乐寺遗址中，有一块公元 1159 年立的石碑记载说：北齐的文宣帝高洋经常从邺都到晋阳去，往来于鼓山山下，就在这里修建了一座离宫以备巡幸之用。有一次，他看见山腰间有数百名僧人正在举行佛教活动，就在那里开凿了 3 所石窟，雕刻了许多佛像，还在山下建了这座寺院。北响堂石窟现存有石窟 9 所，还有若干佛龛，其中以北洞、中洞、南洞最具有代表性。

北洞俗称大佛洞，是北响堂石窟群中规模最大的一所，它的窟室内部大约 12 米，窟顶高约 11.6 米，中间立着边长近 6 米的巨大的中心塔柱，前面和左右两侧开龛造像，而在塔柱的后面雕出过洞，以供僧侣们绕行礼拜。中心柱三面的大龛都是天幕状的，幕顶装饰着山花、蕉叶，龛内的造像是坐佛与胁侍立菩萨，正面龛内的主佛像高达 3.5 米，是响堂山石窟中最大的一尊佛像。中心柱基座的表面，还开龛雕刻着树、河等诸神王像。在窟室的左右两壁与后壁过洞的两侧，雕刻着一系列覆钵塔状的大龛，龛两侧的立柱由跪状的怪兽承托着，柱顶装饰着火焰宝珠，柱身上还浮雕着精美的缠枝忍冬图案，在龛顶的覆钵体上面，有仰莲、相轮、忍冬和火焰宝珠共同组成的华丽的塔刹。可惜的是，这些龛内的造像在 1912 年被盗凿一空，现在的雕像是在 1922 年补做的。北洞的前壁上开了三个明窗，左右两侧各有一所佛龛，在龛与窟门间的两侧壁面上，原来雕刻着宏伟壮观的礼佛人物行列，现存只能看见少

北响堂山石窟

数人物的遗痕。这所大型中心柱窟，在内容布局与雕刻装饰方面，明显地继承着巩县石窟寺中北魏中心柱窟的做法。它很可能是在东魏末年已经开始创建了，而最终完成于北齐高洋做皇帝的年代里（550—559 年），是最著名的北齐皇家石窟寺。

北响堂的中洞俗称“释迦洞”，也是一所布局与装饰同北洞相近的中心塔柱窟，只是在规模上远不如北洞。它的外立面雕刻保存完好，可以清楚地看到原来的面貌：在洞窟的门外两侧分别雕着菩萨立像，再外的两侧龛内，又各雕着一身穿着甲胄的天王立像；门外的前廊处立着几根八角形的檐柱，中间的两根下部有狮子柱础；在前廊上部的崖面上，雕出覆钵塔状的窟顶，并有忍冬叶与火焰宝珠等组成的塔刹，形成了最具有北齐特色的塔形窟。

南洞俗称“刻经洞”，因为在这所洞窟的内外壁面上保存着许多石刻佛经，还有一块公元 572 年刻成的北齐晋昌郡开国公唐邕的写经碑。这里的石

刻经文有《维摩诘所说经》《弥勒下生经》《无量寿经》等，都是很有名的大乘佛教经典。南洞外立面的上方也雕出覆钵塔形，但它的内部是在正、左、右三壁上各开了一所大龛的佛殿窟，大龛内雕着坐佛与二弟子四菩萨像，龛外的立面刻着华美的天幕装饰。

在北响堂的北齐石窟中，所有佛教人物的雕像都一反北魏晚期的清瘦模式，创造出了一种造型健壮、敦实厚重的风范。它们穿着的服装都是轻薄的，仅仅刻着稀疏的衣纹，有的佛像又穿上了传自印度的通肩式袈裟，这些都似乎与高氏政权坚持鲜卑族的习俗有关。北响堂的这些皇家风范，还大大地影响着其他地区石窟寺的开凿和寺院佛像的制作。

南响堂石窟群的第 1、2 窟是中心塔柱窟，它们的基本构造同北响堂的北洞、中洞有很多相似之处；其他五所洞窟都位于第 1、2 窟的上层，都是佛殿窟的形式。在第 2 窟门外两侧的龛内，被隋代磨平后刻成了《滏山石窟之碑》，上面记载着在北齐后主高纬当皇帝的第一年，也就是公元 565 年，由灵化寺的和尚慧义辟山草创了南响堂，后来由当朝宰相高阿那肱出资兴建成了这处石窟寺院。到了北齐末年，不信佛教的北周武帝宇文邕的军队打到了这里，砸毁了不少石窟里的佛像，所以，这里的佛教雕刻早已是残缺不全了。第 7 窟的保存状况是最好的，窟门外立着檐柱，上面雕成了屋檐的形状，在檐柱之间分别在窟门两侧开龛造立着金刚力士像。第 7 窟的内部结构很像北响堂的南洞，在正、左、右三壁上各开了一所天幕形大龛，龛内雕刻着一佛二菩萨二弟子像，龛下基坛的表面壶门间，浮雕着系列神王的形象。从现存的南响堂石窟造像风格来看，虽然它们的身躯仍然是敦厚的，但已不像北响堂那样健壮有力了。

小响堂石窟中的西窟，是一所中型的中心塔柱式洞窟。在中心塔柱的正、左、右三面分别开着天幕帐形大龛，龛内供奉着佛与二菩萨二弟子像，龛上有飞天浮雕，龛下柱基的表面一排小龛内，刻着香炉、供养比丘和神王。中心塔柱的后面上部是与后壁相连的，下面开出了可以环绕塔柱礼拜的甬道。人们可以从中看出北响堂皇家中心塔柱窟的影响因素。有趣的是，在窟室后

壁雕着一所立佛龛，立佛的身体下侧还刻着几位童子的形象，龛的外侧保留着公元574年十月明威将军陆景与张元妃敬造定光佛的发愿文铭文。原来，龛内的那尊立佛像就代表着定光佛。定光佛也叫燃灯佛，是佛教中过去世界的一位佛祖。《大智度论》中说他在出生的时候，身边一切如灯，所以叫作燃灯太子。后来他成了佛，也就称作燃灯佛。相传，释迦牟尼的前世曾经是一位儒童，有一天他看见燃灯佛祖走来了，人们都欢呼着拥向佛祖。儒童急忙从王家姑娘那里买了几枝青莲花，向燃灯佛祖跑去。可是人太多了，他怎么也挤不到跟前去。忽然，儒童看见燃灯佛祖身边有一片泥水地，因为太脏了，所以没有人。儒童毫不犹豫地过去向佛祖献花，并在泥水地面上五体投地，把自己的长头发掩在了泥地上，希望燃灯佛祖踩着自己的头发过去。燃灯佛目睹了这一切，就向在场的人们预言说：九十一劫已是贤劫，这个小孩会成为佛的，那时他的名字叫释迦牟尼。那么，在燃灯佛立像的下侧，有一位跪着的小孩，应该代表着释迦的前世。这个小龛刻成的时候，已经距离北齐国灭亡不远了。

宣雾山石窟

在隆尧县城西北约9公里、尧城镇北4公里的宣雾山上，有3个石窟和6群摩崖造像。以千佛堂石室为中心，其东有多心经石室，东南有同声谷石室。千佛堂石室东南有一号崖（共计60龛），石室之东，有二号崖（共计200龛）和三号崖（共计100龛）。石室的左右有四号崖（共计371龛），千佛堂西南有长4.95米的佛涅槃像。涅槃像西有五大高僧的大像。据慧皎《高僧传·僧护传》记载，开创于齐建武中（494—497年），原始经营的是“拟弥勒千尺之容”，后经过历代修建，以风格论，似应是明代改装后的形象。

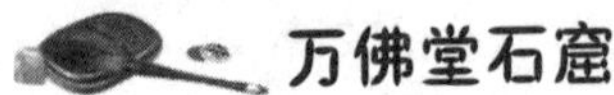

万佛堂石窟

万佛堂石窟，在辽宁省义县西北 9 公里的万佛堂村大凌河北岸的崖面上。这里的石窟群分为东、西两区，其中西区有 9 所洞窟，东区有 7 所洞窟。元景当年为孝文帝建造的石窟，就是西区的第 5 窟。这所洞窟的前半部分早已崩塌了，剩下的后半部分东西宽度约有 7 米，进深有 6 米，元景造窟的碑文，还保存在窟室的东南角上。在这块造窟碑的上方还浮雕着一组小千佛，千佛的上面刻成了屋形的龛楣装饰。如果就书法的精美而言，元景造窟碑堪称是北魏书法的上乘之作，为历代的书法家们所喜爱。

西区第 1 窟，是万佛堂石窟中最具有代表性的洞窟。它的平面呈方形，

万佛堂石窟

顶部是平的，窟室的空间约有 7 米，高 5 米多。中间立着一座方形的塔柱，直通窟顶。这座中心塔柱的四面都开了上下两层佛龛，在正面下层的大龛中刻着释迦牟尼坐像，龛楣上有 11 身小坐佛，中间小坐佛的下面有二圆轮和两只卧鹿，佛的身旁有三位听法的比丘，这是表现佛祖在鹿野苑初转法轮的故事。在中心塔柱的四角处，下层雕着罗汉立像，上层是须弥山的形象，在山腰处还有龙盘绕着，这种须弥山与云冈第 10 窟前室拱门上的同类雕刻很相似。窟室的后、左、右三壁间各开了三个佛龛，在平顶的表面还保存着 7 身飞天，它们衣带飘洒，面目清秀，与龙门北魏晚期洞窟里的飞天很相似。

第 6 窟是万佛堂规模最大的一所洞窟，它的前部也已经崩塌了，窟室的东西宽有 8 米多，后壁前部还保存着一尊 3 米多高的交脚弥勒佛像，它的肉髻表面刻着水波纹，面露慈祥的表情，左右有弟子侍立着。在大弥勒像的背后凿出了可供环绕礼拜的隧道，这种构思又是与云冈第 5 窟基本相同的。

万佛堂东区的 7 所石窟保存状况都不太好，只有第 6 窟后壁大龛中的释迦坐像，还能看出北魏雕刻的原貌。第 5 窟内有公元 502 年北魏政权的慰喻契丹使韩贞等人的造窟题记，是研究中国东北地方民族历史的重要资料。

万佛堂是在北魏的大同云冈、洛阳龙门的直接影响下创建的，从中可以清楚地看到来自这两处皇家石窟工程的雕刻风尚。而东西二区遗存的两方珍贵题记，又为判断这些作品的年代提供了有力的证据。

在辽宁省境内，新金县还发现了一些摩崖石刻罗汉像；阜新蒙古族自治县的海棠山间，有保存完好的 260 多尊摩崖石刻佛像；彰武县大四家子乡西南 3 公里处的千佛山摩崖造像，共刻了 188 尊佛教人物，还有一所坐禅修行用的观音洞。这些作品，都是与唐代以后中国晚期佛教信仰息息相关的。

第六章

艺术中的奇葩——石窟造像

中国古代文化灿烂辉煌，有着五千多年的历史，石窟造像是古代文化中的一朵奇葩，有着极其重要的地位。它分布广泛，反映了我国魏晋南北朝及隋唐时期的佛教艺术。它们随山雕凿、彩绘，形象生动自然，具有十分重要的艺术价值和研究价值。

第一节 千姿百态的石窟造像

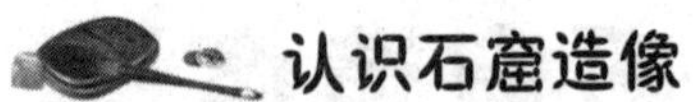

认识石窟造像

石窟造像指雕凿和塑绘于石山窟龛中的造像，一般为佛教题材。中国的石窟造像数量相当多，形式有石雕和彩塑两种，由于石窟造像在中国有着较长的历史，其风格随着时代的发展而变化、演进，其中不少作品具有很高的艺术价值。

佛教造像包括四个部类。

1. 佛部像

就是指教祖释迦牟尼和由其衍生出的三世佛、阿弥陀佛、卢舍那佛以及弥勒佛等佛的造像。佛像的一般特征是头上有肉髻和螺发，眉间有白毫（圆点），身着袈裟，身后有头光和身光。但弥勒佛的形象比较特殊，他是未来佛，在早期被表现为交脚倚坐的菩萨形象。宋代以后变为大腹笑颜的世俗人形象。

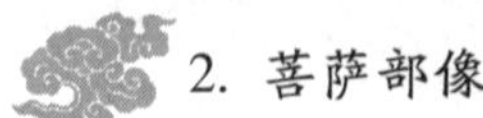

2. 菩萨部像

菩萨是在佛经中指修行到了很高的程度，具有了一定佛性但尚未成佛者。

在印度的佛教艺术中把他表现为在家修行的贵族形象，穿着华丽，无性别；而中国的造像则把其表现为身着飘逸衣裙的女性形象。

卢舍那佛

3. 声闻部像

就是指闻佛之声而觉悟者，也就是佛的弟子、罗汉等形象的塑像。形象特征近似于和尚的形象，光头，着袈裟。

4. 护法部像

指保护佛法的天王、力士等角色的造像。天王的形象为武士装束，力士（金刚）则为上身裸体、肌肉突起的健壮大汉的形象。

石窟造像的题材

石窟寺造像艺术是佛教艺术的重要门类之一，其艺术手段主要是以窟龛、造像、壁画浮雕等作为载体。石窟寺是佛教僧侣的住处，佛教提倡遁世隐修，因此僧侣们常常选择崇山峻岭的幽僻之地开凿石窟，以便修行之用。石窟寺是佛教思想和建筑、雕塑、绘画艺术的融合。一般石窟寺的开凿大都是在岩石之上。石窟一般呈长方形，在入口的地方有门窗。石窟中间是僧侣集会的地方，两边是住房和餐房。后来发展成为两种形式：一种叫作“礼拜窟”，一种叫作“禅窟”。礼拜窟佛像大部分利用当地的石头作为雕凿的材料。依山傍水雕凿佛教人物，供人瞻仰礼拜；禅窟主要是供比丘修禅居住的。礼拜窟有前后两室的，也有单独一室的。其入口处有门，上面开窗采光，设计巧妙，光线可以照射在佛像脸庞上。入口两侧墙壁有绘画作品，其平面有马蹄形的、

方形的等。内部装饰有在石壁上雕凿佛像，也有在中心石柱雕凿佛龛、佛塔的，或者在石窟四周制作壁画和浮雕，古代大都是着色的，如今多数颜色已脱落。

佛是佛陀的简称，意为智者、觉者，是佛教神灵中的至尊，他的地位最高。其显著特征是高肉髻、螺髻或露顶髻（发髻中露出一块头皮），面相庄严，大耳垂肩，身姿多为结跏趺坐、半结跏趺坐，略呈行走状的站立像、双腿朝下的倚坐像（多为弥勒佛）。根据其所处方位不同称东方阿閦佛、南方宝生佛、中央毗卢遮那佛、北方不空成就佛、西方阿弥陀佛，还有四面佛、千佛、七佛等。以三世佛、三身佛、释迦佛最为常见。根据其功德积聚和使用场合的不同分为法身佛、应身佛、报身佛；根据其所处时代先后顺序称过去世燃灯佛、现在世释迦佛、未来世弥勒佛；菩萨是“菩提萨埵”的简称，佛成道前的称号，其地位仅次于佛。他们的显著特征是：头戴花蔓冠或化佛冠（多为观音）、宝瓶冠（多为大势至），多男身女相，面相妩媚，胸佩璎珞，戴手钏、足钏、身着披帛飘带，身材曲线优美、婀娜多姿。著名的菩萨有：常与释迦佛为一个组合的文殊（骑狮）、普贤（骑象）菩萨，同称“华夏三圣”；常与阿弥陀佛为一个组合的观音、大势至菩萨，同称“西方三圣”；常与药师琉璃光佛为一个组合的日光、月光菩萨，同称“东方三圣”。以上三个组合雕塑在一起的，称“纵三世佛”。此外，还有地藏王菩萨（他着僧装持禅杖或披袈裟戴风帽或手持幡幢宝珠莲花）、佛教密宗的千手千眼观音、宋金流行的自在观音、化身各种人物形象的十一面观音、南北朝流行的作沉思状的思维菩萨等。罗汉即阿罗汉，是佛弟子中的得道人物，其地位在菩萨之下，众佛弟子之上。其显著特征是光头，着僧装。至于具体形象，因经典仪轨中无具体规定，多随艺术家的艺术想象而发挥创作，所以高矮胖瘦各异，形状各式各样。其中最常见的是年轻的阿难、年老的迦叶，他们常侍奉在佛的左右。此外，还有唐代多用的十六罗汉，晚唐五代至宋代流行的十八罗汉、二十四罗汉、五百罗汉等。它们有的雕塑绘制在佛的周围，有的自立门户聚为一堂，称“罗汉堂”。八部护法又叫天龙八部，指：一、诸天（侍卫系统）；

二、龙；三、夜叉（勇健或暴恶者）；四、乾闼罗（伎乐天）；五、阿修罗（双手托日、月的天神）；六、迦楼罗（金翅鸟神）；七、紧那罗（歌神）；八、摩睺罗迦（大蟒神）。

迦楼罗雕塑

石窟造像除了这些人物及动物形象外，还有以各种花草、几何纹样作为装饰，如有背光图案、藻井图案等，其特点是早期（北朝）各窟内装饰以忍冬、莲花、火焰、几何等纹样，有的缀以飞天，总体风格较简练；到隋代，图案的结构形式、装饰内容、绘制手法开始变得丰富多彩；到唐代则更为华丽，达到鼎盛时期；五代、宋以后趋向简单和呆板。

还有将佛经中的各种故事和内容，以雕塑或壁画的形式表现出来，其中有反映佛未出世之前为菩萨时所做的各种事迹如施舍、止恶得善、忍辱付出等本生故事和释迦牟尼一生中所行的重要事迹等，即为上面说到的佛本生故事。石窟遗像中比较常见的本生故事为：“萨埵那太子舍生饲虎本生”“尸毗王本生”“月光王本生”“快目王本生”“九色鹿王本生”“须达那太子本生”“善事太子入海品”“须阇提太子本生”“睒子本生”等。

还有以某一部佛经为主要内容反映其庄严世界的经变画，如“弥勒经变”“西方净土变”“华严经变”“维摩经变”“涅槃经变”“法华经变”“阿弥陀经变”“无量寿经变”“药师经变”等。这些经变画的构图，一般都富丽堂皇，尽显人间帝王宫殿的富贵气息，借以吸引人们往生佛国世界。

也有开窟造像的功德主将自己的形象塑造在窟龛内或绘于壁画中，到后期也成了石窟艺术的重要内容之一。他们的服饰、神态、车马随行等，都是展现当时社会生活的生动画卷。

石窟造像的基本姿态

区分不同的佛、菩萨，主要靠他们的“印相”。所谓印，就是指不同的手势动作，也叫手印；所谓相，是指他们的各种姿势与所持器具以及服饰装扮。合起来说，印相显示的是一种定式的、模式化的造型，印相表示佛或菩萨的体貌特征、心理状态和性格特征。俗话说得好，看佛先看手，看菩萨先看头。这是两个基本要点。看印相一般得结合手势、身姿、衣着等具体地看，有时还要结合四周的典型环境来看。但是好的雕塑家会在精神本质上对不同的佛和菩萨有独特的表达，会让人联想起他们独特的特质，以便让人容易辨认。

坐式菩萨

观察全身姿势，不外乎坐、立、卧及飞天伎乐的飞舞姿态。

1. 坐姿

南北朝时的高级佛、菩萨常采用当时贵族的典型坐法——交足式坐姿。隋唐以后则多为盘腿打坐式，即结跏趺坐。先把右脚心朝上压在左大腿上，再把左脚如法压在右大腿上，名为全结跏趺坐或降魔坐。反之，先左脚后右脚的盘腿坐法则为吉祥坐。全跏趺坐是佛的常见坐式，弥勒佛有时也为双腿下垂的倚坐式和盘一腿垂一腿的半跏趺坐。菩萨的坐式比佛要随便一些。一足压于股下，另一只脚心朝上的称为半跏趺式或善跏趺式；右足加在左大腿上，左足下

垂的，称半结跏趺吉祥坐；反之，则为半结跏趺降魔坐。跪坐、箕坐多为供养人。

2. 立姿

佛与有名号的菩萨一般为端正双足并拢式，个别立佛略呈行走状，表示到处行走，宣扬佛法。还有一种双脚并立于莲台上，双手作接引状，大多为阿弥勒佛像。天王、金刚则多取两足分开的姿态。

3. 卧姿

主要是释迦佛的卧像。

再说服饰。佛一般为肉髻、螺髻，上身内着僧祇支（背心）、外披大衣。大衣有通肩式、袒右肩式，有的大衣上还披袈裟。大衣的衣领有交叉式，北朝以后多为双领下垂式，呈“U”形。下衣则是没有襻带的裙衣，一般用帛带束成打褶状，覆盖于佛座之上。菩萨的衣饰一般多呈贵妇人妆，头戴花冠、化佛冠或宝瓶冠，上身披天衣，下穿贴体羊肠裙或罗裙，项部和手臂上有各种金银珠宝、瓔珞、臂钏、腕钏等，身披帛带，眉如翠黛，双目修长，乌发垂肩，婀娜多姿。罗汉一般为光头，着长袍，与僧人无异。

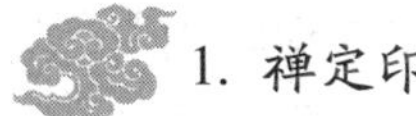

常见的手印与姿势

佛教造像的手印很多，密宗的手印多达数百种。各种手印都有其特定的含义，这是识别各尊佛像的重要依据。一般说来，佛的手印比较呆板僵硬、程式化。菩萨的手印则艺术化，优美一些。看手印还要结合造像的姿势，一般手和身体动态基本保持和谐，不会看上去别扭和不合理。

1. 禅定印

又称法界定印。一种是结跏趺坐，左手横放在左脚上，名为定印，表示

禅定，右手垂直下垂，名为触地印，表示佛成道前所做的牺牲，唯有大地能够证明，这种造像名为“成道像”。另一种是双手仰放下腹前，右手置于左手之上，两拇指顶端相接。据说为释迦佛在菩提树下禅思入定，修行成道时采取的姿势。密宗的大日如来所用，则称为法界定印。

2. 施无畏印

右手上举于胸前，手指自然舒展，掌心朝外。据说能使众生心安，无所畏惧，故名施无畏印。

3. 法印

又称转法轮印。一种是结跏趺坐，右手上举至胸前，掌心朝前，拇指与食指相捻呈环状，左手横放在左脚上，掌心朝上；另一种是两手置于胸前，右掌与左掌相向，左右诸手指轻触；还有一种右手上举、拇指食指呈环状，左手握半拳朝内。这几种虽手势稍有差异，但总的是作讲演状，表示佛的说法相。

4. 与愿印

左手自然下垂，手掌朝外，表示佛能满足众生愿望，故曰与愿。施无畏印和与愿印，往往互相配合使用，称施无畏与愿印；还有一种“旃檀佛像”，多为站姿，也取施无畏与愿印，表示能够解除众生苦难，满足众生愿望。

5. 降魔印

又称触地印。以右手掌心朝内覆于右膝，指头触地，表示降伏魔众。相传释迦修行成道时，有魔王前来扰乱。于是他以右手触地，请大地作证。地神出来证明释迦已成佛，终使魔王惧伏，因之称“降魔印”。又因以手触地故名“触地印”。

6. 接引印

又称来迎印、九品莲台印，是西方极乐世界教主阿弥陀佛的专用印相，在造像中大体分为两种：一种是阿弥陀佛右手垂下，作与愿印，左手当胸，掌中有金莲台，作接引众生状；另一种是阿弥陀佛两手交叉于腹部，食指与大拇指呈环状对顶。他给予众信徒的永远是这种表示最高席位的上品上生印，所以九品莲台印的其他形式，人们极少看到。

另外，还有安慰印、智慧印、金刚合掌印、内缚拳印、外缚拳印等也比较常见，多用于菩萨、罗汉、金刚。以上这些印相，用在菩萨像上，则显得造型柔媚，充满美感。

石窟造像手中的持物

药师佛：手持药丸、药钵。两个胁侍菩萨分别捧日、月，称为日光、月光菩萨。

普贤菩萨

阿弥陀佛：有时手捧金莲台。

观音菩萨：一手持如意或柳枝，一手提净瓶，头上有化佛冠。

大悲观音、千手千眼观音：手持各种法宝、兵器。

大势至菩萨：一般手持莲苞，头冠上有宝瓶。

地藏菩萨：一般手持摩尼珠、锡杖，僧装。有的为戴风

帽的坐像。

文殊菩萨：一般骑青狮。有的左手持青莲，莲上放经匣，也有的仅持经匣。

普贤菩萨：一般骑六牙白象。有的戴五佛冠，有的手持如意。密宗的普贤则手持金刚杵、金刚铃、戴五佛冠。

龙女：一般手持炉，作菩萨状。

金刚力士：均手持戟、弓、剑、金刚杵，还有的手持蟒蛇、髅骨等。

大黑天：双手抓日、月，或头上顶日、月，手提髅骨、头颅。

第二节 石窟造像的时代特征

北魏前期：规模宏大

北魏前期的石窟造像，是在北朝这一时代佛寺经济极发达的条件下产生的；它是帝王贵族的礼拜对象，具有首要的政治意义；它又是佛寺的最新形式。它就是这三者综合下的产物，因此它在造型上便具备以下几个特点：在艺术上含有大量的犍陀罗及鞠多的艺术成分；在形式上接近印度及中亚的佛像，不论服饰、发髻、动态；在气魄上雄伟而浑厚；石窟规模广大，壁饰及藻井多刻飞天及佛传故事；在雕塑上非常精细，如大同云冈石窟及下花园石窟。

大同石窟造像规模非常宏大。日本人松本文三郎等把这些造像分为三种形式：第一是完全属于犍陀罗式或鞠多式，第二是印度文化及中国文化初步结合的新形式，第三是汉化了的形式。第一、二种的时间皆属于北魏迁都以前，第三种是在迁都以后。第一种及第二种实际上是一种，都是印度及中亚佛寺造像艺术初期传入中国的产物，仍具有印度及中亚造像艺术的成分。但实际上也已具有了新的风格，唐人释道宣称它是："唇厚，鼻隆，颐丰，挺然丈夫相。"就这面形上来说，已经不是印度人的相貌，也不是中亚诸人种的相貌，而是中国北方人的面相了。这"挺然丈夫相"，正反映着统治中国大封建主拓跋氏的气概。这就说明了石窟造像艺术虽受犍陀罗艺术的影响，但大同云冈石佛确是一种出自拓跋皇朝的新产物、新的艺术形式。

北魏后期：造型秀丽

北魏后期石窟造像的时代，主要是在孝文帝汉化这一政治运动及佛寺经济极发达的条件下产生的。其主要特征有：第一，是汉化，首先是使佛、菩萨、力士等像都穿上了宽袍大袖，态度文雅风流；第二，藻井及壁饰浮雕不再是佛传故事，代替它的是成幅的帝后礼佛图；第三，飞天由肥胖都变作修长而轻灵，有些中国故事也成为石窟壁饰的题材。在雕塑技术上较进了一步，显得熟练。这一时期造像的形象，面轮稍长，眼纤月状，眉昂，鼻大而短，口唇上翻，含微笑姿态，耳平板无孔，毛发波卷，衣纹遒劲，衣端褶纹呈重合状。这种秀丽的造型，不只是洛阳龙门的形象，也是北魏迁都之后，直至东西魏这一阶段石窟造像的共有特点。

北齐北周：文弱轻灵

北齐北周都是继承着北魏造像艺术向前发展的，所以在艺术上比较成熟、

驼山石窟造像

形象生动活泼。但北齐北周的国势都较北魏为弱，佛寺经济也受着局势动荡的影响，远不如前朝。因此，石窟规模都比较小。造像在轮廓上虽然与北魏晚期相接近，但已失去了云冈造像的雄伟气概，也失去了龙门石窟的文雅风流气质。如天龙山石窟造像及驼山石窟造像的造型；头部稍大，面轮稍长，颈部较短，衣纹雕刻较简单。胁侍菩萨亦头部稍大，一手举壶，一手执衣带，面相与本尊相似。南响堂山石窟亦北齐遗物，造像面形极文弱。其他与天龙山、驼山等同时的石窟造像，大致相似，飞天“轻灵飘逸”，令人有“羽化登仙”之感，周围所刻之供养人行列，一般为二三人，手持香炉或莲花，或跪或立。

知识链接

五个庙石窟

位于甘肃省肃北蒙古族自治县县城南17公里的党河峡谷，有一处重要的省级文物保护单位——五个庙石窟。它是古代瓜州、沙州地区以敦煌莫高窟为中心的外围小石窟之一，窟内现存壁画具有独特的艺术风格和珍贵的历史价值。

一些游客慕名来此瞻仰，却看到一幅破败荒凉的景象。五个庙石窟“悬”在党河北岸的戈壁沙崖中间，石窟崖顶没有任何防水遮雨的保护设施，崖上洪水冲刷过的痕迹历历在目，并有洪水流入石窟的一条条痕迹。石窟窟门外没有护栏，下面堆积着碎石堆，牧羊者可从石堆上进入石窟。窟内地面上堆积着黄土，2窟、4窟窟顶被烧饭者的炊烟熏得黑乎乎的，一些塑像残缺不全。

文物专家根据五个庙石窟的窟形和现存壁画判断，现有的四个石窟，其中一个开凿于北魏，在西夏或元代曾重修；三个开凿于五代、宋（即曹氏归义军时期），壁画经历代绘制，多层重叠。底层为北魏时期作品，表层壁画多为五代、北宋、沙州回纥、西夏、元等各个时期绘制。五个庙石窟壁画丰富了敦煌石窟艺术的内容，也是研究河西地区历史文化的宝贵资料。2006年，甘肃省文物局安排专项经费，委托省文物保护维修研究所对五个庙石窟实施了安全防护。

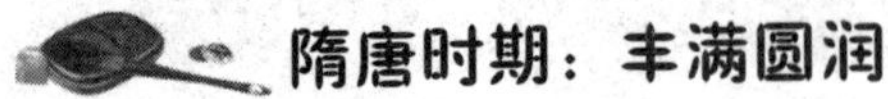

隋唐时期：丰满圆润

隋唐时期，造像风格总体感觉逐步丰满圆润，曲线优美。隋至唐初处于过渡阶段，风格与南北朝中晚期基本一致，并出现一些新的因素。面相方面，不论佛或菩萨，面相不仅丰圆，而且方颐更为突出，与盛唐和北朝晚期造像有别。服饰方面，佛的衣着变化不大，菩萨装束变化明显，花蔓冠更低一些，发髻冠上的束髻更多，宝缯依然下垂至肩，璎珞更为精细复杂，甚至代替披帛下垂至腿部，然后上卷。有的披帛由两肩下垂，横于胸前呈上下两道，比较宽。罗汉的外衣下摆比北朝中晚期要窄一些。天王上身着甲，下束战裙。力士下着战裙，脚穿长靴。衣纹表现技法方面，仍有前期的阶梯式衣纹，但线条更柔和，又发展出凸起的线条。这种新型线条为唐以后所常用。

唐中晚期：雍容华贵

唐中晚期，盛唐风格成熟，各方面变化明显。面相方面，虽然颊丰颐满，但不像前期那样方颐，脸形轮廓和鼻目的高深，都更为适宜和谐。佛像多是螺髻，少有高肉髻和右旋发髻。服饰方面，佛的服饰变化不大，但佛座由过去的方座、床座发展为束腰六角座、细束腰圆莲座，座上另铺一幅幛布，一改过去外衣或裙下垂覆盖佛座的做法。菩萨的头上少有冠带，只作极整齐如花的高发髻。上身袒露，用复杂的璎珞充当项圈，也有较长的璎珞下垂至腿部再上卷，但长度不及隋代。还有披帛由两肩垂下，作两道横于胸腰之间。下裙紧贴双腿，有出水之势。全身轮廓极富美感，上腰有曲线，欹斜玉立，典型的美女神韵。罗汉的外衣下摆更窄。天王有的戴披帽，或作拳形髻，上身着甲，腰束战裙，腿部也套甲，脚踏魔鬼。力士

头部不戴帽，下着裙赤足，肌肉隆起，表现出武士雄姿。飞天的姿态极为优美，头部是当时流行的双股髻或其他形式髻。下裙有的裹在腿上，有的宽大一些，但裙下都露脚。衣带飞扬，姿态活泼轻倩，好像红绸舞中的天女。衣纹样式上没有太大变化，但表现的技法更加成熟，根据现实衣纹的样子着力刻画，线条流畅优美。总之，唐代的造像，佛像更加富态庄严，菩萨则雍容华贵，美若贵妇，天王力士是典型的战将武士，飞天是最美丽的侍女。

宋金以后：入世化俗

宋金时期，造像艺术继承了唐代造像技法的所有优点，但佛和菩萨的面容、身姿不像前代那样丰满圆润，显得胖瘦适度，苗条玉立。菩萨更加世俗化、人性化。佛和菩萨座流行束腰须弥座，甚至有假山座或假山背景。佛座的装饰更加复杂，不厌其烦，狮子也由南北朝以来的在座之上移至座下，流

宋代的佛像

行须弥莲座，莲座下有力士夜叉撑托。

元代的造像显得粗糙，有些造像面容更接近俗人。明代造像头冠较大，上身略长，下身显短，比例失调。清代造像受藏传佛教影响较大，菩萨腰部极细。

图片授权

全景网

壹图网

中华图片库

林静文化摄影部

敬　启

本书图片的编选，参阅了一些网站和公共图库。由于联系上的困难，我们与部分入选图片的作者未能取得联系，谨致深深的歉意。敬请图片原作者见到本书后，及时与我们联系，以便我们按国家有关规定支付稿酬并赠送样书。

联系邮箱：932389463@ qq. com

参考书目

1. 魏文斌．中国石窟艺术：麦积山［M］．南京：江苏美术出版社，2013.
2. 韩慧．中国红 中国石窟［M］．合肥：黄山书社，2013.
3. 常青．中国史话：石窟寺史话［M］．北京：社会科学文献出版社，2012.
4. 盛春寿．新疆石窟艺术［M］．北京：中国旅游出版社，2011.
5. 张焯．中国石窟艺术：云冈［M］．南京：江苏美术出版社，2011.
6. 徐自强，吴梦麟．中国读本：中国的石刻与石窟［M］．北京：中国国际广播出版社，2009.
7. 啸沧．魏皇甫度石窟碑：古代善本碑帖选萃［M］．北京：人民美术出版社，2006.
8. 王鲁湘，严钟义，薛玉尧．神明之地：寺观·石窟·佛塔·陵墓［M］．北京：文化艺术出版社，2005.
9. 云冈石窟研究院．世界遗产丛书：云冈石窟［M］．北京：世界图书出版公司，2008.
10. 陈丽萍，王妍．中国石窟艺术［M］．北京：时代文艺出版社，2007.
11. 李裕群．山野佛光：中国石窟寺艺术：中华文明之旅［M］．成都：四川人民出版社，2004.
12. 王亨通，花平宁．甘肃永靖炳灵寺石窟［M］．重庆：重庆出版社，1999.
13. 龙门石窟研究所．龙门石窟研究所：龙门石窟雕刻萃编：佛［M］．北京：文物出版社，1995.
14. 徐自强，吴梦麟．中国的石刻与石窟［M］．北京：商务印书馆，1996.
15. 金开成．中国文化知识读本：云冈石窟［M］．长春：吉林出版集团，1970.

中国传统民俗文化丛书

一、古代人物系列（9 本）

1. 中国古代乞丐
2. 中国古代道士
3. 中国古代名帝
4. 中国古代名将
5. 中国古代名相
6. 中国古代文人
7. 中国古代高僧
8. 中国古代太监
9. 中国古代侠士

二、古代民俗系列（8 本）

1. 中国古代民俗
2. 中国古代玩具
3. 中国古代服饰
4. 中国古代丧葬
5. 中国古代节日
6. 中国古代面具
7. 中国古代祭祀
8. 中国古代剪纸

三、古代收藏系列（16 本）

1. 中国古代金银器
2. 中国古代漆器
3. 中国古代藏书
4. 中国古代石雕
5. 中国古代雕刻
6. 中国古代书法
7. 中国古代木雕
8. 中国古代玉器
9. 中国古代青铜器
10. 中国古代瓷器
11. 中国古代钱币
12. 中国古代酒具
13. 中国古代家具
14. 中国古代陶器
15. 中国古代年画
16. 中国古代砖雕

四、古代建筑系列（12 本）

1. 中国古代建筑
2. 中国古代城墙
3. 中国古代陵墓
4. 中国古代砖瓦
5. 中国古代桥梁
6. 中国古塔
7. 中国古镇
8. 中国古代楼阁
9. 中国古都
10. 中国古代长城
11. 中国古代宫殿
12. 中国古代寺庙

五、古代科学技术系列（14 本）

1. 中国古代科技
2. 中国古代农业
3. 中国古代水利
4. 中国古代医学
5. 中国古代版画
6. 中国古代养殖
7. 中国古代船舶
8. 中国古代兵器
9. 中国古代纺织与印染
10. 中国古代农具
11. 中国古代园艺
12. 中国古代天文历法
13. 中国古代印刷
14. 中国古代地理

六、古代政治经济制度系列（13 本）

1. 中国古代经济
2. 中国古代科举
3. 中国古代邮驿
4. 中国古代赋税
5. 中国古代关隘
6. 中国古代交通
7. 中国古代商号
8. 中国古代官制
9. 中国古代航海
10. 中国古代贸易
11. 中国古代军队
12. 中国古代法律
13. 中国古代战争

七、古代文化系列（17 本）

1. 中国古代婚姻
2. 中国古代武术
3. 中国古代城市
4. 中国古代教育
5. 中国古代家训
6. 中国古代书院
7. 中国古代典籍
8. 中国古代石窟
9. 中国古代战场
10. 中国古代礼仪
11. 中国古村落
12. 中国古代体育
13. 中国古代姓氏
14. 中国古代文房四宝
15. 中国古代饮食
16. 中国古代娱乐
17. 中国古代兵书

八、古代艺术系列（11 本）

1. 中国古代艺术
2. 中国古代戏曲
3. 中国古代绘画
4. 中国古代音乐
5. 中国古代文学
6. 中国古代乐器
7. 中国古代刺绣
8. 中国古代碑刻
9. 中国古代舞蹈
10. 中国古代篆刻
11. 中国古代杂技